日《にち》にち雑感

線維筋痛症とワタシ

OCHIAI Hiroko
落合紘子

文芸社

前書き

ワタシは線維筋痛症《せんいきんつうしょう》の患者であるらしい。らしい、というのは他に「気分変調症」という慢性化した鬱病《うつびょう》をさす病名があって、ドクターは何かの折にはこちらを使っていらっしゃるからだ。しかも線維筋痛症にはもう一つ名前があって、持続性身体表現性疼痛障害《とうつうしょうがい》とも言うのだそうである。掛かっている科によって呼称が違うのだそうで、いずれは統一されるのだろう。それにしてもややこしい話である。

線維筋痛症は、常に身体の広範囲に慢性的な、原因不明の強い痛みを伴う病気である。痛みは時により場所を変え、生化学検査などを繰り返しても異常が見付かることはない。また痛み以外にも倦怠感《けんたいかん》や頭痛など様々な症状があり、原因は不明なのだ。

この痛みが病気として認められたのは、比較的最近のことである。

原因不明の痛みに怯《おび》える身としては、医療者や周囲の人たちからの、我儘《わがまま》だからとか、怠け者なのだという視線にも耐えなければならなかった。抱える不安や不調は、本当に誰からも理解されなかったのである。

しかもこの病気の治療法は確立されていないので、生涯治癒は望めない。慢性的な強すぎる痛みに邪魔をされると、社会に参加することはままならなくなる。痛みはストレスとなって余病を併発することもある。

しばらく前にテレビで、物を言う障がい者たちを特集していて、そこに「線維筋痛症」と書かれた札を胸に掛けている女性がいた。その女性が話す私とよく似た症状に、ああ、私も障がい者だったのか、と初めて幾分かの納得をした。

病名を知った私はドクターに病名の確認をしたのだけれど、否定も肯定もされず、ただそちらのいい病院があるから紹介しましょうか、と言われただけである。

五体が満足な私は、痛みに遮られて思うようにならない、ほとんど生涯にわたる年月を、障がいがあると思ったことはなかったのである。そんな日々を拙い日記にしてみることにした。

目次

日《にち》にち雑感

線維筋痛症とワタシ

二〇二〇年

一月

一月二十四日　金曜日

ゴボウを切って頭の部分を水に浸しておいた。

ごつごつとした茶色の濃淡が、それだけでも十分きれいな取り合わせである。そのうちにてっぺんからベージュ色のとんがりが出てきて、追い追いに小さな緑の葉になった。

茎にはそれは繊《ほそ》い和毛《にこげ》が生えていて、淡い緑の茎を包んでいる。下から透きとおるような白い根が一本だけ生えてきた。その過程の、何とも不思議で可憐《かれん》な命の変化。本当に奇跡に出会った気分である。

花はどれも美しい。いや植物は雑草も含めて、どれもがそれぞれ完璧なのだ。美しさに吸い込まれそうな気がする。

一月二十六日　日曜日

例によって朝食後、ソファに横になって本を開く。

数行読むと辛くなって本を置かざるを得ない。痛みに耐えきれなくなってしまうのだ。そして今読んだことなどきれいに忘れて、ちょっとの間ぼんやりとする。毎朝その繰り返し。少し惚《ぼ》けたのかしら。

これでも努力はしているのだ。でもその努力がなかなか続かないし、結果として実りが少ない。頑張っているのはつもりだけなのかも知れないと、自省せざるを得ないのは、元々がいい加減で怠け者にできているからだと思う。

夕方などは一日の疲労が重なって、台所の作業が随分おっくうになる。そうなるとバックグラウンドミュージックのお世話になることにしている。曲はその時の気分次第。今はプッチーニのオペラ、「トスカ」。

一月三十日　木曜日

今日は新宿のカルチャーセンターにあるデッサンの講座に行った。一回二時間半、二回で一枚の鉛筆画を仕上げる。

今回はヌードである。ここに通うのは人物が描けるからだ。モデル料が高いので、個人の画塾ではなかなか難しいのだそうである。

気分だけは元気。でも右足のかかとが痛い。一昨日整形外科のドクターにお尋ねしたら、外反《がいはん》母趾《ぼし》が原因だそうで、それなら出掛けるのに支障はないと思う。内臓疾患が増悪《ぞうあく》するのとは違うもの。

でも身体中が普段より痛い。だが痛くとも死ぬわけではない。ケチなワタシは受講料だって支払ってしまったのだし、と決める。

バスを降りて電車に乗って、しばらくしたら痛みが増してきた。有り難いことにすぐに座れたのだけれど、電車は遠慮なく揺れる。それも辛い。

西口の地下道では挫けそうだったけれど、ここで座り込むわけにはいかない。どうやら目的地に辿り着いた時は、本当にやれやれという気分で、早速自販機の飲み物を買う。

描き始めたら頑張るより他はないのだ。頑張りきれなくなったら、背景や脇に添えたパキラの葉のデッサンに掛かる。これはあまり力を入れすぎると、ヌードに対抗してうるさくなるかな……。

終わればくたくたで、しばらくスタバのお世話になった。有り難いことに始発駅なので、帰りの電車も座れた。

二月

二月一日　土曜日
馬場あき子の『鬼の研究』を読んでいる。何となくの再読である。身体が痛むせいで長時間座って読むのはキツい。それで横になって読むことがほとんど。そのせいかあまり上等な読み方ができないのだが、本を離れても、貴族の横暴さに怨嗟《えんさ》の声を上げる庶民の黒い風や、虐《しいた》げられた土蜘蛛《つちぐも》や産女《うぶめ》、鬼と紛《まが》う凶悪な盗賊等々が騒いでいる。

困ったことに、食事の支度をしながら「トスカ」を聞いていると、登場人物と鬼たちの声が一緒になって騒ぐので、何だかひどく複雑なことになるのだ。

二月七日　金曜日

夕飯はマグロの刺身にした。近所にあるスーパーの魚屋は品物が良くて、魚の切り方も丁寧できれいである。

でも置かれている品数が少なくて、切り身ばかりが多いのは、ホントは消費者にも幾らか責任があると思う。この魚屋さんが開いた時は、随分張り切っていたようで魚の種類も多かった。今はみんな忙しいのよね。

冷蔵庫から例のマグロを出していて、ふと飼いネコの小次郎のことを思い出した。

刺身に敏感に反応した彼は、まだ開けてもいないパックに催促の声を上げた。その彼も一昨年、十九歳を目前に死んだ。彼の癌は進行が思いの外早かった。

その前に居たごんべえは九歳だった。腎不全で早世した彼には、時々干物などを与えていた。ネコは腎臓で塩分の代謝ができないのは後で知った。本当に申し訳のないことだった。

それで小次郎の餌は慎重に選んで、ほぼそればかりを生涯食べさせた。人間も含めて動物はみんな、食餌《しょくじ》に気を付けなくてはいけないのである。

二月十一日　**火曜日**

最近どうかすると足元が危ない。

頭がぼんやりしている時に多いのだけれど、〝とととと〟っと、つんのめるように乱れて、転びそうになる。必ずというわけではないが、体調不良や疲れている時にそうなりがちのようである。

体調不良は常のことなのだ。それを言葉で言い表すのは難しい。具合が悪いとしか言えないのだ。そしてふらふらと横になって眠り、目覚めてもぼんやりと時を過ごす。健康であることの爽やかさが分からない。

しばらくするとこれではいけない、と思い直して、無理に起き上がり作業に掛かる。そしてすぐに疲労して起きていられなくなる。

具合が悪いのだから、助けを求めればいいと言うのは、病者が達観してしまえばともかく、ほとんどの場合、健康な人が言うことだと思う。

何より不調を抱えて生きる者には遠慮というものがある。自分は役立たずで、迷惑を掛ける存在であると言う刷り込み。

次いで身近で働く者に掛ける負担を考えれば、少々のことは我慢をして、無理矢理起き上がって働く。実際それで家庭を維持してきた、何十年という年月があるのだ。家庭を維持して来られただけ、幸せだったのだと思う。

二月十三日　木曜日

例の如く朝から不調である。食事が終わるとすぐにでも横になりたい。けれども今日は何故か、南桂子の版画を見たいのである。武蔵野市の吉祥寺美術館に所蔵品があるようなので、出掛けることにする。

不調が今より余計に重いと、出掛けても何を見たのか分からなくなって、帰ることになるのだけれど、こういう日は家にいてもあまりいいことはないのだ。

吉祥寺の町を歩くのは一体何年ぶりだろう。駅北側のサンロードではお店が色々変わったようだけれど、雰囲気は相変わらずなのが嬉しい。

大昔にあった近鉄のデパートはとうに姿を消して、その後、伊勢丹もなくなって久しい。目的の美術館は、伊勢丹のあったビルの七階ではなかったかしら。

結局、常設展に南の絵はなかったのだけれど、夫君の浜口陽三の絵は展示されていた。絵の前に椅子が幾つか置かれていて、バウハウスの物では、と思ったりして何だか楽しい。お蔭で座ってゆっくり見ることができた。

浜口はメゾチントの技法を再現するのに功のあった人。本当に重厚な作品を残している。でもメゾチントなら、どちらかと言えば長谷川潔の方が好みである。美の感性が違う。長谷川の美の感性と、ショパンのそれはどこかで通い合ってはいないだろうか。

企画展で千田康広のインスタレーションをやっていた。暗室に小さな光が点滅していて、本当に美しくて不思議に気持ちが安らぐ。

ロビーに彼の作品や下図の展示があって、彼が山登りもする人だと知った。立体と空間。山で拾った小さな物たちの美しさ。

見ていると、登山をしない私たちの身の回りも、こんなに美しいものに恵まれているはずだと思う。

途方もなく緻密《ちみつ》な計算をしたであろう歯車。繊細な銀線の造形。こればかりは銀線の美しさはともかくとして、あまりに繊《ほそ》い線と、がっしりしたガラスのケースのアンバランスに首をひねる。ガラスと空間ばかりが目立って、せっかくの造形の美しさが分からなくなってしまった。

目当ての南の版画にはお目に掛かれなかったけれど、千田康広という人の、芸術と人となりに触れたことがとても楽しかった。

帰りに少し商店街を歩く。角の乾物屋さん、健在。菊屋という瀬戸物屋も。

終戦直後からの路地の商店街はまだ残ってはいるけれど、閉まっている店も目立つ。ぶらぶらと歩きながら卵を買って、それから珈琲カップ二つとエプロンも。

ウインドウショッピングは楽しいけれど、やたらに物を買うと後で始末に困るのだ。何たってウチ、不要品が多い。

帰りの中央線。昔は国電と言った。今、高架になった電車の窓の外は、隙間なくビルや住宅が並んでいる。

ふと昭和二十年代の光景を思い出す。夜の国電の窓の外は、見渡す限りの畑で、遠くに屋敷森《やしきもり》が浮かんでいた。

どうかすると白い病衣の傷病兵が二人組になって、アコーディオンを弾きながら、喜捨を求めて車両を回って来ることもあった。車体はえび茶色で床は木造。

今、ガラスが多用された駅舎は明るくて、とてもおしゃれになっている。

二月十五日　土曜日

洗濯物を干そうと思ったら、お向かいの保育園児の声が聞こえた。ストライダーという、幼児用の乗り物を元気良く乗り回して、しぇかいをすくぅ～と歌っている。

髪は坊っちゃん刈りにして、姿はいっぱしのお兄ちゃんである。あまりに可愛いので笑ってしまう。見付かるとおばあちゃーんと声が掛かって、寒い中、庭の小さな戸を開けてのお付き合いになるので、今日はそっとごめんねをしてガラス戸を閉める。

二月十九日　水曜日

今日は二十四節気の一つである雨水《うすい》だとテレビで言っていた。

この冬も暖冬のためか、薄氷を見たのは一度きりである。ちなみに俳句では「はくひょう」、ではなくて「うすらい」と読む。どちらにも隠れたHの響きが優しくて、何だかおしゃれである。

今から五十年ほども前は、水道管は凍ると破裂する危険があったから、真冬の就寝時には油断ができなかった。いつからそんな心配が要らなくなったのだろうか。

建築の専門用語では、「犬走り」と言うのだそうだけれど、ウチの南側には、コンクリートの舗床《ほしょう》が打ってあって、上を向いても屋根はない。

そこに植木鉢を幾つも置いて花を咲かせている。もっとも丁寧に土を吟味していないせいで、どれも見事に咲くというところまではとてもいかない。

今朝は駄目かと思っていたネモフィラに、晴れやかなブルーの花が一輪咲いていた。本当に奇跡に出会った気分である。

二月十七日　月曜日

今日も不調である。目覚めと共に頭痛、全身の強すぎる痛み、吐き気。このところ毎日、朝食後はベッドに横になってしまう。

けれど鼻歌は歌えなくても、まだ冗談を言うことはできる。よってうちは夫婦間のアラソイが絶えないのである。友人が誰が被害者か分かるわよね、と言ったのよ。

二月二十七日　木曜日

このところずっとショパン。この二、三日は練習曲。その前はソナタ。彼は曲の形式に縛られるのを好まなかったらしい。そのせいか現在聴くことのできる彼のソナタは二曲のみである。

いや、たまたま形式に従っているようでも、やがて逸脱して、彼の中にある音楽に夢中になっていく。その激しさは極限となって、まるで狂気の世界にいるような。その純粋な美と振幅の大きさ。

ピアノの音色の中にこそ、彼は今も生きている。音楽と共に、彼の精神が活き活きと躍動するのは何と不思議なことだろう。手の届くところに彼が座っているような気がするのである。

三月

三月五日　木曜日

朝食後の珈琲が済んでから、横になって本を読もうかと思ったがそれも辛い。こんな時は働くに限るのだ。少しぐらい辛くても家事はできる。雑事が片付けば、ストレスを幾らかでも味わわなくて済む。

けれど、このような時があまりにも続けば、生きている実感さえも失われるのだ。そんな数十年に及ぶ年月が、確かにあったのを不意に思い出した。

痛みや何ともよく分からない不調も抱えつつ、ただ生きるために家事のみに向かう日々。人は雑用によってのみ生きるにあらずだよ、本当に。

痛みだけでも手に余るほどだった年月。夜は食事が終わると、ニュースを見る余力など全くなかった。そして気が付いたら、世の中の動向が全く分からなくなっていた。

勿論《もちろん》合間には出掛けもした。けれども痛みや不調があっても、不思議なことに見掛けだけは元気にしていられた。傍目《はため》からは怠け病としか思われないのだけれど、本人はいつでも精一杯なのだ。

家族の中で痛みを抱えるのが自分だけと言うのは、本当に幸いなことであった。何度そう思ったことか。

アルジ、行き届かないワタシによく我慢をしてくれたな。でも本人に、これは内緒である。彼、すぐ調子に乗るからね。

三月十七日　火曜日

昨日生協から届いた苗物四つ。早速鉢に移して、今朝見たら少し株が大きくなったような。

ポットに入れて売られている草花は、根が入れ物の中いっぱいに伸びている。それを鉢に移すと、苗はやれやれと思うのか少し大きくなったように見える。それを見るのは何かとても嬉しい気分。

テラスは今、スミレとジュリアンとマーガレットにネモフィラ、小さなバラも一輪……。

このバラは上品な淡いピンクのはずだったけれど、何故か赤い蕾《つぼみ》が脹《ふく》らんで花の中心は緑になった。でも可愛い。よく咲いてくれたと思う。

満開になった花を喜んでいると、小さな甲虫を見付けることがある。あら、あなた花びらを食べているの、優雅ねぇなどと眺めていると、次に見た時は花がすっかり消えていたりする。

三月十八日　水曜日

ワタシの線維筋痛症の始まりは、まだ十四歳、中学生の時だった。近所に住む、名前も顔も知らないお年寄りによる中傷だった。

思い掛けない事態に深く傷ついて、以来死ぬまで痛みを抱えることになったのだが、当のお年寄りだって、まさかこんなことになったとは、思わなかったに違いない。

何しろ半世紀を優に超える昔のことだから、ワタシの不調の他はみんな風に吹かれて、どこかへ行ってしまった。

線維筋痛症が発症する切っ掛けは様々のようで、交通事故の後にいつまでも痛みが残った、というのはこれだったのかも知れないという話を、何かで読んだ記憶がある。そうであれば実際の患者数は、相当なものになるかも知れない。

痛みは自己申告でしかないから、周りから理解されることはなく、これが加わると二重、三重の苦痛になる。

おまけにそのうちに自分自身を疑うようになり、自己の価値を低く見積もることにもなるのだ。病気には波があるから、ワタシは少しでも元気な時だけが本当の自分だと思って生きていた。これも不思議な感覚か。

結局、社会人として働くことは全くできず、何かを身に付けることもできず、それでも昔、女は家庭に入るものだったから傍目にはそれで済んでいた。

何だか無茶苦茶に誤魔化して人生を送ったように思うが、幸運なことに家族には恵まれた。薬も沢山いただいているお蔭で、痛みは残っているものの傍目には元気である。本当に有り難いことである。

三月二十三日　月曜日
ワタシは必要がなければ興味がないのだが、アルジは広告をよく見ている。世の中の移り変わりがよく分かるのだそうである。それはそうだろうな、と傍観をしている。
一昨日、チラシを見ていた彼の目が輝いた。少し離れた餃子店でセールをやっているのだという。たまたま用事があって出掛けた彼から、電話が入る。買いたいのは分かっていたよ……。買う気満々の彼は、それでもこちらの気持ちを忖度《そんたく》して、どうする、と聞いてきたのだ。そして意気揚々《いきようよう》と帰って来た。

曰く、餃子屋さんは無人の店だったのだそうである。コンビニの無人化はどこかで始まったばかりなので、身近にそんな店があったのに驚く。

お金を払って、冷蔵庫から品物を取って来るのだそうで、話を聞くばかりのこちらにもひどく新鮮である。餃子、生だったよ、焼いてあるのかと思った、と言う。

焼けば家中にニンニクの匂いが立ちこめた。どうやら脂身ばかりで、肉はほとんど入っていないようである。

群馬の餃子屋らしいから、野菜も群馬産かな、と彼は言う。こちらは内心、安い外国産が多いんじゃないのと思っている。国産が出回るのはスーパーだよね。

ワタシは普段の食事に、幾らかの注意と努力を払って、家庭の食卓を賄《まかな》ってきた。家族の健康を考え、少し時間を掛けて栄養学も学んだ。

でもアルジはそんなことを意に介していない。人はそれぞれである。ふん、だ。

今日、スーパーの餃子の広告を見て目を輝かす彼に、餃子が食べたいのなら、娘の一家にお願いをするのが一番ね、と釘を刺す。

かの家ではみんなで賑やかに餃子を包むのである。横着な私は、餃子を包むという面倒なことをするのは嫌なのである。

三月二十四日　火曜日

先日の餃子でつらつら思うのだけれど、食への感覚や意識と言ったものが、大きく変わって来ているのだろう。

昨今は魚屋も肉屋も、それから八百屋も乾物屋もみんな「絶滅危惧種《ぜつめつきぐしゅ》」になった。夕食の支度で賑わう商店街の、景気の良い呼び声を聞くこともなく、ケースの向こうにぶら下がる豚の半身を見ることもない。スーパーでは小綺麗《こぎれい》に並べられたパックに、大海で命を育んでいた魚の面影は見えない。

食べ物の話は奥が深すぎるので、仄聞《そくぶん》でしかないのだけれど、食品の生産と保存は昔から一大事だった。

幾度もあった飢饉を思えばなおさらである。ネズミや虫、野生動物から大事な食料を守るため、人は猫や犬、さらには専用の建物や薬品を用いたりしてきた。

魚を含めた動物の命を、彼等の恐怖や運命の変転に何の思いを致すこともなく奪う。屠殺場《とさつじょう》へ曳《ひ》かれている牛の目を、一度見たら忘れられないはずなのに。

そしてウイルスが発生すれば、いとも簡単に殺処分にされる動物たち。食べる、ということのもの凄さ。

農作物は気候の変動で、収穫量を大きく左右させられるし、各農家の土作りは生産された野菜の味を決めている。野菜の味は、各農家の努力に負うところが大きいのだ。

食料の争奪は人の存在と同時に始まり、今も世界中の情勢を大きく左右し続けている。

そんな食の背景を、レストランやスーパーでは、毛筋ほども感じさせられることはない。顧客の満足のみが配慮され、見た目をきれいに並べられているのだ。

食を如何に考えるかという、命に直結することを家庭や学校で、もう少し考えられるといいなといつも思う。

三月二十六日　木曜日

新聞の投稿欄で誰かが、障がい者多数を殺傷した人間を死刑にすることは、面倒なものを排除するということではないか、その時点で犯人と同列になるのではないか、と言っていた。

難しい問題である。

ワタシ自身は人間の意識が、そう簡単に変わるものではないと思うし、「厄介《やっかい》な人」が身近にいる困難は、相当なものがあると承知をしている。排除という言葉は他人事《ひとごと》ではない。

人はいつでも厄介なことを避けてきた。排除について考え始めたら、心理学や歴史、社会学などの分厚い本が幾冊もできるだろう。

参加している小さなグループの中にも、誰かを我慢できない人は居て、それを知った別の誰かが、「私はどなたがいても平気ですけど……」と言っていた。
その静かな、けれども確かな声が耳に残っている。

四月

四月三日　金曜日

駅前に食料品を買いに出る。人通りが少ない。ガラスの向こうのスタバも、駅ビルの地下にあるスーパーも、どこか閑散としている。

今世界で、パンデミックはいよいよ悲惨の度合いを増してきている。日本でも患者の選別が、おおっぴらに始まるのは時間の問題だろう。

不思議なことに、百均ばかりはいつものように人が大勢居て、レジでも五メートルほど並んだ。経済に打撃が出始めている中、百均での買い物はストレス発散の一助になっているのだろうか。

帰りのバスに乗り込もうとした時、「並んでいるんですけれど」という低い、いくらか怒りを含んだ声がした。振り向けば少し年かさの女性が、うかつなワタシに向かって言っているのだった。

とっさに「どうぞ」と譲ったら、相手はすぐに機嫌を直した。とても些細《ささい》なことだった。最初に乗るか二番目かの違い。ワタシはぼんやりなので、よくドジを踏むのだ。

その時は微かな怒気に、いくらかの微笑《ほほえ》みで答えることができたのだけれど、それは全くの偶然だったと思う。何故そのように答えることができたのか、全く分からない。

けれどもワタシが気を悪くしないで済んだのは、思いの外有り難いことだったと思う。

いつだって不出来な自分が、不機嫌な対応をしなくて済んだのだ。次回、同じにできるとは限らない。でも同じにできたらいいな、と思う。

それにしてもこのバス停の同じ時間に、このような声を聞くのは二回目であった。

一寸した思い遣りで、穏やかにことは済むと思われるのに声を荒らげる。そうでなくとも、みんなかなり神経質になっているのだ。

四月五日　日曜日

今は本当に具合のよいことに、ネットの動画等で音楽をふんだんに聴くことができる。これは本当に有り難いこと。

今日は、本当に久し振りだが、佐藤慶次郎の「ピアノのためのカリグラフィー」を聴く。完全な抽象の音楽である。漆黒《しっこく》の闇の中、金や銀の単音が飛び散っているような感じがする。

佐藤慶次郎夫妻は、友人の長年にわたる友であった。作曲家に初めて会ったのは岐阜の美術館で、彼の個展が催されたのを、彼女と見に行った時であった。

もう二十年くらいは昔になるだろうか。私は彼女の後ろでかしこまってお辞儀をしただけだった。作曲家は鶴みたいに痩《や》せたお爺《じい》ちゃまだった。

次に会ったのはその何年か後、場所も演奏者も忘れたが、かのカリグラフィーが演奏されると聞いて、また同じ友人と出掛けた。

作曲者が「しょうがないなぁ、あんなに甘く弾かれちゃぁ」と言っていたのを覚えている。ここでも私は彼女の後ろでお辞儀をしただけだった。

しばらくして友人経由で、カリグラフィーのテープと楽譜が送られてきた。ピアノは多分高橋アキさん、弾いてみて下さい、とのことであった。

生やさしい曲ではないのだし、とてもではないが弾くのは遠慮して、譜面を眺めるのみにした。以前、カルチャーセンターで作曲家の遠山裕という方の、ロマン派のピアノ曲のアナリーゼの講座に出ていたことがあった。

彼は楽譜を開いて眺めた時、きれいだなと感じた曲は不思議にいい曲です、と言っていた。理由を尋ねたら、何故なのかは分かりません、と言っていらしたけれど。

佐藤慶次郎のこの曲も、本当に譜面が美しい。彼が亡くなって何年になるだろう。

多摩美大の美術館で「モノミナヒカル展―佐藤慶次郎の振動するオブジェ」という催しがあった。あの「ピアノのためのカリグラフィー」も高橋アキさんのピアノで演奏されたから、一緒になった友人たちと聴いた。

展示の中に、佐藤慶次郎の他の作品も、演奏を聴くことができる設えがあった。どれも本当に美しくて、これが埋もれてしまうのは惜しいと思ったのを覚えている。

四月六日　月曜日

昼食が済んでから幾つか雑用を片付ける。トイレットペーパーと、手洗い用のシャボン液も補充しておかなくては。多いね、雑用。

結果、肝心の台所に向かうまでには、身体が少々悲鳴を上げかけているのだ。ここで休むと動けなくなるので、バックグラウンドミュージックのお世話になる。曲はヴェルディのグランドオペラ「アイーダ」。

かくして台所の換気扇からは、秋刀魚の匂いとほうれん草の湯気と、囚われのアイーダの悲嘆のアリアが流れていく。O patria mia　わが故郷よ……。

四月七日　火曜日

ガラスのソーラーライトが届いた。ソネンライトというのを、アフリカの人たちの援助と自立を目的に、フェアトレードで扱っている、というのが目に付いたのだけれど、少し考えて買ったのは類似品。

届いた物を眺めながら、ごめんなさい、他にも支援したいところがあって……と理由にならない言い訳をする。

うちに電気屋が居る。弱電が専門らしいが、ワタシにはとんと分からない。

材料だけで済めばものすごく安いので、一応アルジに頼んでみた。思い通り、そんな詰まらないもの、こちらの方がずっと実用的でリーズナブルだ、と言う。

そしてネットの画面を開いて見せられたのは電気スタンド。予想に違わずごついし、何より私の意図とはかけ離れている。

アルジは届いたライトに、案の定けちを付けた。

「おもちゃじゃないか、じきに飽きるぞ」

いいの、ワタシは光が面白いんだから。この瓶《びん》にビー玉やら何やら入れて、光を楽しんでみたい。あなたに言っても分からないしさ。

アルジはしばらくの間ぶつぶつ言っている。

「こんな物うちにあるものでできちゃうよ、一体幾らだった？」

買ってしまった者が勝ちなので、ぼやき終わるまでの時間を計っている。三分ぐらいかな。けれども、とどの詰まりのひと言は印象的だった。

「あんたは一人じゃ暮らせないな。スポンサーが要るよ」

何だよ、それ。確かにワタシは専業主婦だけれどさ。

富国強兵と西欧文明の急激な取り入れは、それまでの人々の意識を大きく変えた。意外なことにこの時期に女性の地位はより低くなり、家庭を守るものという性別分業が定着したらしい。この辺りもヨーロッパの家庭をモデルに考えられているようだ。

ともあれ家庭は命を育む場所で、そのための知識技術は豊富なほど良い。そのために家庭科という学科があったはずだが、私も含めてみんな適当に受けていたと思う。

それに今とは随分違って四、五十年前は、専業主婦が居ることで社会が回っていた。今は専業主婦と言えば、安閑と暮らす人の代名詞になっているみたいね。

当時は時折銀行員が家庭を訪ねてきたし、公共料金の支払いには集金の人が来た。家族の健康を守ることも、当然、主婦の仕事だった。

家事の種類は多岐にわたり、出来合いのおかずは煮豆とコロッケと佃煮《つくだに》と……ほんの数種だったと思う。全自動洗濯機も食器洗浄機も、まだ一般家庭には存在していなかった。

たとえそうでなくとも、今の一言に何が含まれているのか、この人は考えてみようと思うだろうか。若い人なら侮辱って怒ると思うよ。

彼はすこぶる付きの頑固である。食い違いなんて、人間が二人いれば普通のことなので、一々腹を立ててはいられないのである。ふん！

夜になって、届いたライトに光を入れてみた。まことに頼りない灯である。彼の言う通りであった。

この光を頼りに、アフリカの人たちは夜も勉強をし、働くこともできるようになったのだという。私たちの生活との、あまりの隔たりを考えずにはいられなかった。

四月十二日　日曜日

アルジは、あんたは掃除が嫌いだなと言う。その通りなので一言もない。内心、掃除機って結構重いから、あれを曳いて家の中を掃除するのはヤダもんね、と思っている。

従って毎日の掃除は彼の役目である。ワタシが掃除を嫌いなのは、他にやりたいことが沢山あるのに、あまり面白くないことに、体力と時間を使いたくないからなのだ。

では、片付けや修理等の雑用がなくなって、一日中自分のために時間を使えたなら、どんなにいいかというと、そうとばかりとも言えないのである。

溜《た》まった雑事が片付いていくのは、達成感もあって何よりのストレス解消になる。あぁ、これで少しの間、楽ができる。つまりワガママなのである。

本当に自分勝手にできているのだ。雑用がなかったなら今頃は惚けて、周りに迷惑を掛けているかも知れない。

雑用様々だよ、と思っていたら、どこかで誰かに食事をさせてもらっている、木の葉髪の自分の姿がリアルに浮かんでしまった……。

四月十四日　火曜日

目が覚めるとまず、その日の体調を自分に確認をすることになっている。なるたけドリンク剤のお世話になるまいと思うからで、薬剤師の方にあれは毎日飲むものではありません、と言われたのが記憶に残っているからだ。

今朝は痛むけれど何とか大丈夫かな、と思ったのは間違いだった。朝食の支度が終わる頃には、体力の限界になっていた。痛みが酷いと身動きができない。

いや、子供たちが家に居た頃はもっと酷かった記憶がある。日中は一人で寝てばかりいたな。六十歳を過ぎてから、敷地内の別棟にいたアルジの母が亡くなり、少し体調が上向きになった。ストレスから解放されたということだったのだろうか。

いや、あちらも三十五年間、さぞ大変だったろうと思っている。ワタシの顔をじっと眺めて、思うようにならないと呟《つぶや》いていたのだから。まぁ、申し訳のないことではあった。

四月十六日　木曜日

娘からのメッセージで、公園で子供が遊ぶ声がうるさいと、学校にクレームが来たと言う。親たちが困惑しているそうであるけれど、何を馬鹿なことを、と少しばかり憮然《ぶぜん》としている。公園は子供が遊ぶところではなかったのか。校庭から閉め出しておいて、一体どこで遊べというのだろう。

まず大人がしっかりとして、この事態のしわ寄せを弱い者に押しつけるのを、控えなくてはいけないはずなのに。

そこは親も教師も、穏やかに言うべきことは言わなくてはならないと思う。うるさい公園の傍《そば》に、家を建てたのは誰なのさ。

テレビではウイルスの終熄《しゅうそく》予想や、医師や看護師の疲労、機材の不足、入院できない患者の話でほぼ持ちきりなのだが、商売の運転資金のやり繰りが付かない人、食と住居を一度に失う人たちの話は比較的少ないようである。

五月

五月一日　金曜日
五月。ハイネは「この美しい五月に」という詩を書き、シューマンはこれに美しいメロディを付けた。

「詩人の恋」という歌曲集の最初の曲がこれである。昔のラジオのドイツ語講座のテーマ曲で、講師は小塩節教授だった。でもワタシのドイツ語は全くものになっていない。

勝手な思い込みでしかないのだけれど、シューマンの本領は、歌曲のような小曲ではないのかしら。この曲の伴奏はアルペッジョなのだけれど、旋律と相俟《あいま》って絶妙に転調し揺らいでいる。その美しさ。

作曲家の遠山裕という方が、彼は曲の繋げ方が下手なのです、と言っていらしたけれど、本当にそうなのかもと思う。シューマンのピアノ曲の弾きにくさは聞いているけれど、理由はこの辺りにもあるのかも知れない。

このところ気温が上がったし、大気の輝きが増してきた。庭に黄色い可憐な、カタバミの仲間が散らしたように咲いている。ウチの庭は手入れが悪い。

今日もあまりにも痛むので、ふうふう言いながら昼食の支度をしていた。それまでずっとパソコンに向かっていたアルジが呼ばれて、テーブルにやって来て、まだ痛むのか、と言う。

思わずじろりと眺めたら、あんたはよく怒るな、と言う。静かに逆の立場だったらあなただって怒ると思うよ、と言い返した。

彼は気が付かないだけなのである。でも昔、本当に詰まらないミスで怪我《けが》をして、入院までしたワタシにひと言の文句も言わず、懇切丁寧に面倒を見てくれたのだから、ここで文句は言えない。

あの後どう思ったのか知らないが、取り込んでおいた洗濯物を畳《たた》み、洗っておいた茶碗《ちゃわん》を拭いて随分働いてくれたのだから、今日のところはいいことにする。でもこの記憶、いつまで保つかな。

五月九日　土曜日

相変わらずの不調である。いや、目眩《めまい》は収まったみたいだけれど、身体中、特に腰が痛い。不調で苦しむのは今に始まったことではなくて、その都度いつも本当に大変なのである。やれやれ。

コロナによる自粛が伸びている。外出の制限に伴い、レストランや食堂のほとんどと、デパートや遊興施設は閉じてしまっている。

開いているのはスーパーとドラッグストアくらい。駅に行く途中のケーキ屋さんも、閉店してしまった。もう二十年以上続いていたと思うのに。

そうでなくともデパートは今、存続の危機だと思う。昭和三十年代には屋上に遊園地や、どうかすると小さな動物園まであった。

百貨店に行くことが、家族の娯楽だった時代もあったのだけれど、今までのコンセプトでは、既に時代遅れになってきていたということなのだろう。

デパートの変化はとっくに始まっているのだけれど、手探りの難しい状態のようである。

五月十一日　月曜日

毎日、色々な演奏でフォーレの「レクイエム」。日本人が演奏すると、どうも少しだけ別物になるような気がするけれど。

フォーレはこの曲を、死は明るいものとして作曲している。

鏡伏せ五月の淡き雲に入る　　　　上田睦子

この句も、よく晴れた空を漂っている句。けれどもただ美しいというだけの句ではない。

何故なら初めに鏡伏せ、という言葉が置かれているから。女人が鏡を伏せるのは、手持ちのハンドバッグを捨て去る時。即ち死を迎える時。

初夏の空を緩やかに漂う時、遠くから聞こえてくる楽の音は、もしかしたらこの曲ではなかったかしら。

五月十九日　火曜日

意を決して掛かりつけのドクターのところへ行ってきた。四月の末からずっと、軽いものとはいえ、吐き気のような感じと、何とも言い様のない不調感。

加えてまだ目眩がしている。嘔吐《おうと》もしたし他にも不調を抱えて、最近はどうかすると、夕飯の支度にも事欠くようになった。

アルジは何くれとなく気を配って、私の家事を助けてくれている。気が付きさえすれば、彼は実に親切なのである。

ワタシの基礎疾患は直ちに命に直結するものでもないし、彼は昨年心臓の動脈にステントを入れている。八十歳を目前にして疲れやすく、掃除も一日おきになっているのだ。

ドクターはいつものように簡潔にあれこれと質問をし、よく考えて「難しいですね」と言いながら、取り敢えず一週間分の薬を処方して下さった。帰宅してみれば不調を訴えたことで、大分良くなった気がしなくもない。そうだと本当にいいのだけれど。

五月二十八日　木曜日

この三日間、朝、目を覚ますと頭痛と目眩がする。少しばかり吐き気もする。今朝は、食事が終わるのを待ちきれない気分で横になった。横になっていれば楽になるわけでもないので、しばらくしたら起きて台所を片付け、パソコンに向かう。

八十歳になるまで生きていられるのだろうか。

あまり自信は持てないのだけれど、生きていても諸々の苦痛が増して、身体不自由になるのなら、是非とも遠慮をしたいものである。

まして、救急先で延命処置を施されるのなど、真っ平御免を被りたい。今の苦しみだけで十分すぎるのだ。

実際問題としてできないことが増えているのだから、まだ元気な舌先を活用しようと思う。手始めに目の前に居るアルジに茶々を入れることにする。

三軒茶屋の友人は昼間は外出がちなので、夜になったら電話をしよう。居るかな。

六月

六月二日　火曜日

朝は用事が多い。朝食の支度がようやく終わる頃には、身体の痛みが酷くなって、限界に近くなっている。

仕方なく食事を終えて、新聞の見出しをざっと見て横になる。結果、記事をちゃんと読めずに終わることが多い。

横になっても辛いことに変わりはないので、せめて音楽を聴こうと携帯を持ってベッドに行く。今日はバッハ。イギリス組曲を、アンドラーシュ・シフの演奏で。

バッハの音楽の美しさは、ややこしい論理と絶対的な美しさとのギャップにもある、と友人の一人は言う。それが人の意識の奥に作用して、尽きない魅力になっているのかも知れない、とワタシは勝手に思う。

そこへ行くと、ロマン派の音楽は分かりやすいということなのだろうか。

六月七日　日曜日

何故か不意に、以前行ったことのあるお店を思い出した。そこは最寄りの駅から、線路沿いの細い道を五分ほど行ったところにある居酒屋である。行ったのは随分以前のこと。一体いつだったろう。

今は取り壊しをしている駅前のホールで、黒澤明の「羅生門」を見ての帰り、アルジが一度行ってみようと言い出したのである。

「羅生門」は若い頃、二人で見た記憶があるのだけれど、今回見たものは以前とは微妙に違っていた。記憶にある場面が幾つか抜けていたのである。

取り置いたフィルムを利用して作った、もう一つの「羅生門」だったのかな。もしそうなら黒澤さんは何て言うかしら。

その後ぶらぶらと歩いて、辿り着いたお店はカウンターに数席、隣に六畳ほどの座敷が一つある小さな店だった。

メニューを開いておまかせを二つ頼み、出てきたものを見たらそれはどう見ても会席料理であった。んん？

おまけに天井の有線放送からは、ベートーベンの最後期の三つのソナタのどれか、それもよく聴いた覚えのある誰かの演奏が、切れ切れに聞こえていた。やがてそれはシャンソンになり、何かの流行歌になった。

店を出て、暮れ方の道を歩きながら、「羅生門」とベートーベンと流行歌が、胃の中の会席料理とごっちゃになって、消化不良を起こしたような、何とも奇妙な気分だったのが忘れられない。あのお店、繁盛《はんじょう》しているといいな。

しばらく前に、出たついでに夕飯を食べていこうか、という話になり、アルジとぶらぶらと歩いていたら、偶然かの店の前に出た。

その時私は懐かしくて入りたかったのであるけれど、お店をあちこち探索したい彼に引っ張られて、諦めることにした。

彼は気が付いていないけれど、私が行きたいところを挙げると必ず反対して、こちらがいいよ、と言う。はいはい、何でも結構ですよ。

六月十日　水曜日

少し前、リビングの窓の外をぼんやり眺めていたら、小さなクモが巣を張っていた。ちなみにクモも小鳥に見付からないよう、時々巣を張り替えるそうである。

大きなクモになると鳥の目を避けるため、巣の張り替えは毎日だそうで、彼等も生きていくのはなかなか大変なのだ。

うららかな日ざしのそよ風に、彼だか彼女だかもさぞ気持ちがいいだろうなと思っていたら、突然何かが飛んできてクモに体当たりをした。途端に糸がすーっと伸びて、小さな姿は消えてしまった。

クモの巣のあった下には、コンクリートブロックの蔭に、トカゲがちょろちょろしている。今朝は三匹。そのうち一つはまだ青くて小さな子供。彼等はここを巣にしているらしい。

植木鉢の下にはダンゴムシの集団がいる。せっかく咲いた花をナメクジが舐《な》めて削っていることもある。どれも元気だといいな。

六月十九日　金曜日

整形外科の待ち時間に、近くの美容院で髪を切ってもらっている。時間が無駄にならないのはとても助かるし、いつも担当をしてくれる若い男性を、私はとても好もしいと思っているのだ。祖母に可愛がられたと言う彼は、言葉の端々に温かさがある二十四歳である。努力をすることを知っているし、安定した人柄なので、話を聞いていてとても心地よいのだ。私はカットをしてもらいながら、そっと彼の生涯の幸せを祈っている。

その彼が、今日は育った家の話をしてくれた。彼が大切に思って止まない祖母が、施設に入ったのだという。彼の兄が女性と住むために、長年住んだ家を空けたらしかった。

彼は思っていることの、全てを口にしたわけではなかった。でも彼の感じている疑問と、祖母の感じているであろう切なさは、私にもよく分かるように思われた。

でもね、お祖母《ばあ》様の選択にあなたは関係がない。お兄様はご自分に良くして下さったお祖母様を、きっと大切に思っている。責任も感じていらっしゃると思う。

あなたにできることは、時々お祖母様のお話を聞いてさし上げること。ご家族と離れているあなたには、歯痒《はがゆ》いこともあると思うけれど、お祖母様のお話に釣られてしまわないことだと思う。ちょっと難しいけれどね。

やってみるとよく分かると思うけれど、お年寄りの身に責任を持つのって、そんなにスマートにはいかないものなのよ。

歳を取るってとても大変で、辛いことが多いのだし、そのお年寄りを見守る人もそれは大変なのだ。その苦労は、離れているとなかなか分からないのよ。

七月

七月三日　金曜日

朝から体調が悪い。春からずっといい時がなくて、気分も一緒に落ち込みそうになる。いや、一昨年だったかのヘルニア以来、どうも具合が悪く、起きていられないことが多いのだ。そこで病院から出されていた痛み止めを飲んでみる。効いたのか効かなかったのかは不明。こういう時は、ニュースを見ているアルジに、思い切りナンセンスな言いがかりを付けるに限る。

ちょうどどこかで三角関係の縺《もつ》れがあったそうで、ジイサマ、もしかしてどこかの奥さんと付き合っていない？　彼も心得たもので、「そういう時は黙っているのよ」。うちはいささか不謹慎なのだと思う。

書き出してみると、思っていたより大変な毎日なのだ。けれどもどういうわけかさほど落ち込んではいない。きっと小さな楽しいことが、沢山あるからかも知れない。

夜はアルジが食べたいと言う鰻を食べに出掛けた。二食続けて横着をしたせいか、何となく気が晴れたようである。我ながら子供みたいだと思う。

七月九日　木曜日

ニュースでまた幼児の放置による死亡が報じられていた。施設で育った若い母親が、男性を訪ねて行くために、三歳の子を部屋に八日間も放置したのだ。

彼女のしたことを容認はできない。

似たような事件はままある。そんな彼女たちは、生きていく上での必要な知識を十分に得ていたのだろうか。

十八歳ではたとえ親元で育っていても、社会に出るにはまだまだバックアップが必要な年齢だ。独立するのに必要な知識を、全て学校で教えておいてくれというのは、少しばかり無理だと思う。給料の使い方、食事をどう摂るのかを含めた、健康を維持するための方法。そして会社や近隣の人との人間関係の保ち方……何より必要なのは困った時に親身になってくれる人。

そう言えば昔、娘がアメリカで勉強していた頃、滞在していたシェアハウスに施設で育った十八歳の女性がいた。

彼女はとても危険な太り方をしながらそれを意識できず、娘がそれとなく再三の忠告をしても、食習慣を変えられなかったという。何によらず習慣を変えるのはなかなか難しいと思う。

今頃彼女はどうしているのだろうか。食事のせいで体調を崩してはいないだろうか。

今回また起きてしまった悲惨。でも子供を死なせてしまった母親を、責めることはワタシにはできない。

七月十六日　木曜日

カルチャーセンターで絵の講座がある日である。元々2Hから2Bくらいの鉛筆デッサンのみの講座であったのが、今ではアクリル絵の具や色鉛筆も加わって、各々好きな画材を使っていいことになっている。

今日はクロッキー。クロッキー帳という、画用紙よりやや薄い紙を閉じたものを使って、十分、二十分という短い時間で一枚の人体を描いてゆく。素早く対象を把握する訓練で、画材はＨＢの鉛筆と練り消し。

練り消しは柔らかくて滓《かす》が出ない消しゴムなのだ。これができる前、画家はパンを使っていたと聞いている。

先生はヌードが描けたら何でも描けるよ、と仰る。描く方はそれを小耳に挟みつつ、目の前のモデルの姿に目を凝らし、その難しさに心中溜め息をつく。溜め息を吐きはするけれど、逃げ出すわけにはいかないので、とにかく頑張るより他はない。

ここでレオナルド・ダ・ヴィンチの素晴らしい彫刻が頭に浮かぶけれど、今はそのようなことを言っていられない。あらかじめちゃんと人体の骨格や筋肉について、勉強をしておけば良かったのだが、何せ描く方は怠け者ときている。

必死と夢中が一緒になって描いているうちに、気が付けば頭が少々大きかったり、どちらかの脚の位置がずれていたりして、生徒はみんな先生のお世話になるのだ。

そうして二時間半の受講時間が終わると、夕飯の支度もしたくないくらい疲れ果てている。何のためにこんな苦労をするのかと思うけれど、それでも教室に通う。不思議なものである。

七月二十六日　日曜日

今日も相変わらず痛む。痛んでいようとも鼻歌を歌いながら朝食の支度をする。単に気力の問題というだけなので、そうは長くは続かないけど。

大分以前、誰かに痛むのなら痛むようにすればいいのに、と言われたことを思い出した。それもそうだとは思ったが、惨めな格好をしていたら気分まで落ち込むではないか。第一片付かないとストレスになるものね。

変調を来したのは中学生の時からだった。当時線維筋痛症という言葉はどこにも存在しなかったから、血液などの検査の結果、異常がなければノイローゼですと言われたり、気のせい、怠け病、疾病利得、我が儘だからとか、何でもないのに病院に来ている等々、医療者は勿論、周囲から否定的に言われることが重なった。

医師や看護師からのそうした言葉は殊に堪えた。それはそっくり自分に当てはまると思っていたのだから、状態はさらに悪くなった。

けれど頑張ってみても、言われた言葉で良くなるわけではなかったから、以後どのように病気をしようと、病院には行くまいと決心をしていた時期もあった。

勿論今はそのようなことを思ってはいないのだけれど、書き出してみると我が事ながら大変だったのだなぁと思う。

慢性膵炎《すいえん》です、と言われたこともあった。どんな病気であるかを承知の上で、病名が付いたことに心底ほっとしたものである。膵炎ではなかったのが分かったのは割合最近のことである。

それでもこの十年ほど、症状は大分軽くなったらしい。何はともあれお薬がいただけるお蔭で、一応元気が保てるのは本当に有り難いことである。

何しろ半世紀を優に超える昔のことだから、ワタシの不調の他はみんな風に吹かれて、どこかへ行ってしまった。

七月三十日　木曜日

今日もカルチャーセンターの日。今回はヌードを描く。モデルはいつも女性。凹凸がある分、女性の裸体は描きやすいのだ。たまには男性の、水着姿か何か描いてみたいと思う。それから歳を取ったモデルの方は居ないのかな。骨格も雰囲気も違って、きっと面白いと思うのだけれど。

本当は朝から不調なのである。昨日は少し良かったのにと思うのだが、これぱかりはどうしようもない。行くか、それとも行かずに済ませるか。でも行かなければ、不調に負けてぐずぐずとした日を送りそうな気がする。

しばらく迷った末に、頑張って出掛けることにする。幸い電車はコロナの騒ぎもあって空いていたから、座って行くことができた。やれやれ。

描こうとしてみると分かるのだけれど、人物を正面から描くのは何故か難しいのである。立派に額装されて展示されている人物画も、少し斜めから描かれていたり、目を逸《そ》らしていたりする。描くばかりではなく見る側にしても、正面から人に向かうのは心理的な抵抗があるのかも知れない。

モデルさんは前回と同じ人。スタイルが良くて個性的な美人である。迷ったけれど、少し横の席を選んでイーゼルの前に座る。

今回は全身を入れるつもりである。けれど十号のスケッチブックに全身を入れると、どうしても絵が小さくなる。苦心していたら、通り掛かった先生の目に留まって、大幅に直していただいた。やれやれ。

描いていただいたラフな何本かの線から、モデルを見、考えながら一本を選ぶ。先生とは座高が違うので、同じ椅子に座っても目の高さが違うのだ。従って絵にずれが出る。

次いで影を付けてゆくのだが、線を描くのに力を入れないのは大事なことなのだ。画用紙が凹んで消すことができなくなってしまう。そうでなくとも輪郭線が濃すぎないようにしたい……。

人物で何が難しいと言えば、やはり表情だろうか。このクラスの皆さんの絵をそれとなく見ていると、どれも描き手によく似ている。誰もが一番よく見るのが自分の顔なのである。日頃ご自分のイメージしている面影のようなものに似ている絵もある。男性が女性を描くと、何となくロマンチックな顔になる傾向もあるようだ。

趣味の絵を一枚描くにも、普段の有り様が反映するのだ。乗り物に乗った時など、それとなく周囲の人を観察するのも大事なことだそうである。

描いているうちに大分疲れてくる。ぼんやりと身体中に拡がっていた痛みも強くなってきた。そうなると細かな神経を使う作業はできなくなる。モデルに手を入れるのは中止にして、もっぱら描き始めていたバックに掛かることにする。最後の三十分はどう頑張っても、エネルギーが切れてしまう……。

帰り道。大きな本屋があるけれども、既に寄る元気はない。少し前までは孫たちに絵本を買って帰ったのに。電車を降りてから少し食料品を買って帰宅。

八月

八月四日　火曜日

まだショパン、しつこい。エチュードOp.25を主にマウリツィオ・ポリーニの演奏で。

朝、連れ合いよりやや早く起きるのが習慣になってきているので、動くのがどうにも難儀な時など、ソファにしばらく横になってこれに聴き入る。

ショパンは半音階を随所で、天才だけが可能なやり方で使っている。世の中の出来事一切は彼の意識になく、ひたすらピアノを彼の感性で遊んでいるのだ。その美しさ！　彼のエチュードはまさに短詩。

そこで色々なピアニストで聴いてみたくなるのだけれど、アルジが起きてきた。もう少し寝ていてくれればいいのに。

八月十一日　火曜日

一昨日、誘われて五日市の戸倉に行ってきた。娘夫婦は気軽に子供たちを連れてあちこちへ出掛ける。色々な体験をさせたいのだそうである。私たちにとって川遊びなど、本当に何十年ぶりだろう。

一家は川の中に入ったけれど、アルジと私は荷物番を兼ねて岸辺に座る。彼等がキャンプ用の椅子を二脚用意してくれたのだ。木蔭が何とも心地よい。

辺りは蝉時雨《せみしぐれ》である。たまに漆黒のアゲハや、何かのトンボも飛んでくる。小さな川魚が石の蔭に隠れ、どうかすると小石の上をカニが這っている。少し前の豪雨で、川の地形がやや変化していると聞いた。

子供たちは、ビニールのボートや浮き輪で大はしゃぎである。今は色々な遊具が沢山、安価に手に入る時代だとつくづく実感。

下の五歳もお姉ちゃんに手伝ってもらって、ボートでの川下りができるようになった。彼女たちは水が冷たくても、一向に気にならないらしい。じいじもばあばも、どうして水に入らないの？

帰りに食事をして、その晩彼等は我が家に泊まった。エネルギーの有り余っている子供たちは、その晩も翌日も、はしゃぎまくって庭で水遊びをし、公園でセミを捕り、夜は室内で大縄《おおなわ》跳びをして、二人ともすぐに大層上達をした。

こちらは少々疲れたのだけれど、本当に楽しいお盆休みだった。

八月十二日　水曜日
息子が海産物をどっさり送ってきた。面白いもので、何かしら持ち出したり、こちらから持たせたりするのは娘。最近は孫たちまでウチの物を持ち出してゆく。それが大層楽しい。

息子はほぼ定期的にやって来る。子供たちは二人とも、親が高齢になってきたと思って心配をしているのである。

彼はそんなことはおくびにも出さず、ウチに来るとほとんどものを言わず、テレビでサッカーを観戦したり、買ってきた本を読んだりしている。

それでいて恐ろしくよく観察をしていて、様子を見ながらそれとなく私に注意をする。気が付きすぎるのである。やれやれ、お説の通りでございますよ。

八月十六日　日曜日

夕方ベッドにつまずいて派手に転んだ。左の腕と手首に、青あざを作ったくらいで済んでいる。けれどこれが普段の痛みによく似ている。青あざの周りの何とも染み通るような痛み。

私は太い注射針があちこちに刺さっているような、と思っていたが、打ち身の痛みにも似ているのだった。新発見ね。

でもこれが全身に及ぶとなかなか辛い。加えて、身体中の関節の痛み。時により日により、その強弱は色々なのだけれど、鉄の重りのように私の生涯を束縛しているのだ。

ここでちょっとだけ文学的な表現ができた。まぁ、いやにもならず、よく頑張っているよ、と思うことにする。

八月十七日　月曜日

私の机は二台ある。一台は娘が置いていったごく普通のスチール製。もう一台はウチのアルジの手製のパソコンデスクで、これもお古である。

パソコンデスクの上には辞書も何冊か並んでいるが、もう一つの方には、実に雑多な物がごちゃごちゃに置いてある。私は整理が苦手なのである。

その雑多な品の中に、緑色の小さな瓶がある。プラスチックが世に出る前、昭和三十年代の医院では、これに水薬を入れて患者に手渡していた。

この頃のガラスは不純物を沢山含んでいて、透かしてみると向こう側が歪んで見えたり、ガラスの中に気泡が混じっていたりした。目盛も大雑把《おおざっぱ》で、一度きりの使用だったのだろう。見ていると時代も長閑《のどか》だったような気がする。

瓶の緑色を見た時、少し汚れていたのもあって買うのに迷ったのだけれど、持ち帰ってよく洗い、使っているうちにきれいな透明になった。活けると花の色をよく引き立たせてくれる。愛用の瓶である。

私はこれを下高井戸の古道具屋で見付けた。雑多な古物《こぶつ》の間に茶色になったこけしや、角の摺《す》り切れたメンコ、昔、糸を紡ぐのに使ったらしい糸巻き台等々、狭い店の中は溢れるほど雑多な品物が並べられている。

中でも切子のショットグラスの赤は、とても美しかった。お店の人は優しくて親切だったからよく選ばせてくれたし、値段も古道具だから安くてお買い得である。一つ買い求めて、庭の小さな花を活けて楽しむのにはちょうど良い。

アルジは道具や機器は新しいものが好きである。よく工夫された使い勝手の良さと、作る工程に惹《ひ》かれるらしい。

反対に私は古い物が好きである。古い物なら何でも良いわけでは決してないけれど、絶版になった本などは買い求めるのをためらわない。

そこに書き込みがあれば、前の持ち主をほうふつとさせるし、たまに押し葉などが挟まれていると、嬉しいプレゼントをいただいたような気分で、崩さないよう大事に挟んでおくのである。

八月二十五日　火曜日

今日も身体中が痛い。そのせいで無駄な時間が過ぎてゆく……でもこれは言い訳。気力と頑張りが足りないのだと思う。

昨夜はハンバーグにした。アルジに魚ばかり出していたら、肉の欠乏症になったと言う。二人分で牛挽肉が二五〇グラム。これだけでも動物性蛋白質が多すぎるのだと思うが、それに卵が一つ。後は食パン六枚切りを一枚と、玉葱の摺り下ろし少々。

おまけに今朝は温泉卵を一つずつ出したから、昼食は帆立の佃煮風？　の残り。残り物だから、ほんのちょっとしかない。夕飯は塩鯖。少し塩抜きして出そう。大きめだから一枚を半分ずつね。

ともあれ出来合いの総菜を出しても、不快な顔をしないのは彼のいいところである。逆に今夜は食事はいらないわね、と言われると本当に困るらしい。これが脅迫の材料になるので、とても楽しいのである。

九月

九月八日　火曜日

相変わらず痛む。この休みのない痛みこそが、私にとって問題なのだ。でも今日は読みさしの本の意味が取れた。昨日は何が書かれているのか、よく分からなかったのである。勿論体調のせいだが、今日が良いわけではないのよね。

不意に、息子がネコを飼いたいなぁと、つくづく言ったのを思い出した。私もネコを欲しい。保護施設に居るネコならば、一匹だけでも幸せになれるのではなかろうか。

けれども一人暮らしの彼も、加齢に加えて元気とは言えない私も、ネコと暮らすわけにはいかない。既《すで》に動物の世話どころではないのだから。

昔はネコは半分外飼いだった。ネコは家につくという言葉は、多分その頃のものだと思う。家とその周囲は彼の餌場《えさば》だったのだ。

そんなネコが他所《よそ》にやられたりすると、彼にとってはいきなり保護者と餌場を失う、大きな恐怖だったはず。餌場を奪われたネコは、必死に元のところに戻ろうとするだけなのだったと思う。

少し前に死んだ小次郎は、アルジがもうこれでおしまいよ、と言って飼ってくれたネコだった。その代わりと言えなくもないが、私の身辺にはネコをモチーフにした物が沢山居る。

リビングにはヨーロッパのどこやらの、真っ白でおしゃれな陶器のネコ。これは昔、近所にいたネコにそっくりだったので、思わず買ってしまった。彼はウチの先代のネコ、ごんべえと仲良しだった。

それから鉛筆画家木下晋の作「トラの願望Ⅱ」の少し大判の絵葉書、エジプトの石のネコ、ケニヤのも。額縁の中では雨田光弘のネコたちが、シューベルトのクインテットを奏でている。まだまだ他にもいて、美術館のショップにいた花柄模様のハトやオンドリ、どこかの温泉にいたとぼけた焼き物のトリ、陶板の白いネズミも……。

半世紀余り昔、通っていた中学校へ行く道を、辿ってみたのは去年だったか。

五間道路と呼ばれていた道は、あの頃まだ舗装《ほそう》もされていなくて、バスも通っていなかった。そこから学校へ曲がる角のところは雑木林になっていて、ある時そこに仔ネコが棄《す》てられていた。冷たい雨が降っていた。

家には既に気の強い雉《きじ》ネコが居たし、暗い雑木林に入っていく時間の余裕はなかった。必死で助けを求める声は後年まで耳に残った。

今、その五間道路から学校へ辿る道は、往年の面影をすっかり失っている。

砂埃《すなぼこり》の立っていた、でこぼこ道の両側は広い畑だったけれど、今はびっしりと家々が並び、季節になると庭中がバラの花で埋め尽くされていた家も、いつの間にか集合住宅に変わった。驚いたことにその近くには小学校も建っている。

今、眼に浮かぶのはあの雑木林と、畑の真ん中を通っていた細い道である。どうかすると痛々しく鳴く仔ネコの声も、一緒になって聞こえてくる。

十月

十月一日　木曜日

大型で強い台風の襲来。午後は千葉県の鋸南町を通過する予定らしい。一昨年の台風の爪痕《つめあと》が、まだまだ癒《い》えていないのに。ウチの辺りもだんだん雨の勢いが強くなってきた。

調子は宜しくない。相変わらずである。毎日この調子だと、時には内部で何かが崩れていくような気がする時がある。

治ればいいのだが、病気は治るものの方が少ないような気がする。遣《や》り切れない苦痛ではある。でもみんな歳を取ると、何かしら不治の病というのを抱え込むのよね。

幸か不幸か発病したのがとても若かったから、健康であるという心地よさがほとんど分からない。いきなり重い病気になったら、きっと大きな絶望を味わったと思う。その分楽だったのかな。

ともあれ、病苦だけでも重すぎる時があるのだ。そのせいで社会生活に支障を来し、貧困に陥《おちい》る。そうなると無理にでも、考えを転換する他はないのだろうけれど、そうそう悟ってばかりもいられないのよね。

ワタシなど何度もこれ以上の苦痛は真っ平御免、忍耐の限度を超えるよと思っているから、早いところ打ち切りにしたい。でもどうやって？

きっと雨のせいで気分が落ち込んでいるのだろう。今日の雨はひどそうだけれど、眼科の予約が入っているから、出掛けないわけにはいかない。仕方がないから、どこかであんみつのお世話にでもなろうかな。

十月三日　土曜日

気持ちよく晴れ渡って、青い空の本当に美しい日。やがて空全体に輝く光を透かして、白い雲が拡がる。

そのあわいにグレーの雲が、まるで島のように浮かんでいたと思ったら、いつの間にかグレーがいなくなって、今は空いっぱいに明るい柔らかな光が拡がっている。

静かな住宅街に、お向かいの子供たちの楽しそうな声が聞こえている。時々応答する、柔らかなパパの声も。

ケータイが鳴る。音量はさほどではないのに、いきなりだから私の耳を突き刺すのだ。アルジが椅子にどさりと座る音と、梨をかじる音。

私はいつもの通り、ソファに横になっている。

十月九日　金曜日

六日は句会「乱麻」の日だった。個性豊かなメンバーが言いたいことを遠慮なく言うのもあって、句会は乱れること麻の如しなのである。メンバーは二人を除いて出席。新しく一人が加わった。

帰り道、一人が手にしている文庫本を見て、「何を読んでいらっしゃるの」と尋ねて見せてもらった。

森田真生の「数学する身体」。この句会で話題になって、私も早速読んだ本である。正直、数学は大の苦手で、感覚が伴わないと理解が浅いのかと思う。悔しい。

彼女のお妹さんは、数学をなさる方だそうである。「専攻が違うせいか、私とは感覚が違って面白いのよ」と言いながら、手の文庫本は随分《ずいぶん》読み込まれた跡《あと》があった。

それを見て受けたショックがまだ消えない。私は自分のいい加減さを何とかしなくてはならないのに、まだ改まらない。

十月十三日　火曜日

秋になって、庭の鉢植えにバラの花が咲くようになった。

一つは去年ホームセンターで買った、何とも品のいいピンク。もう一つは娘の一家のベランダで、枯れかかっていた小さな白いバラ。

貰うわ、と言って家に連れて帰ったら、日当たりがいいせいか復活して、元気に花を咲かせている。

白であったはずなのに、何故か咲いてみれば黄色である。何とも優しい、クリーム色よりやや濃い黄色。どちらかと言えば白より何かの色の方がいいわね、と娘と言っていたのが聞こえたのだろうか。

実は物言えないものたちに、うっかりしたことは言えないのではなかろうかと思っている。植物だって、もう飽きたから要らないわ等と言ったりすると、やがて枯れていくのを何度か経験した。共に暮らしていたネコたちは、人間が自分たちをどう思っているのか、その時々でちゃんと察知していた。

ともあれ生きものたちといると、自分の身勝手ばかりはしっかりと突きつけられる。うちのネコたちは、果たして自分を幸せだと思っていただろうか。

咲いたバラは早速写真付きのメールにして孫たちに送った。

十月十七日　土曜日

このところ、以前より加齢を意識するようになっている。少しずつ諦めて手放してゆくものが増えてきたように思う。

それらにどう対処してゆくのか。アルジが勧めてくれて絵を描き始め、音楽を聴く楽しみや読書など、身近に離れがたいものがあれば、どう不自由になろうとも、生きてゆけるような気がしてはいたのだけれど。

不具合は、いつでも思い掛けない形で現れるのだ。精神の強さは身体の健康度と、幾らかなりとも不可分なので、これから先果たしてうまくいくだろうか。何とも心許《こころもと》ないのは誰でも同じだとは思う。

廃人となってゆく過程を、誰もが自ら励まし、覚悟して過ごさなくてはならないのだ。けれどその中で知る豊かさというものも、きっとあると思おう。あんまり自信はないけれどね。

十月二十三日　金曜日

何かで読んだ小さな話。多分新聞への投稿だったと思う。

投稿したのは七十歳を三つ四つ超えた人。長年食事を作ってきたけれど、最近は冷凍食品に頼るようになってきた、という。

うん、分かる。私もお昼は冷凍食品に頼ることが増えてきた。信頼できると思っている、生協の食材を使ったものに限っているのだけれど。

台所に立つのが辛くなってきたというその文章に、遠くから小さな免罪符がやって来たような気がする。私だけではないのだ、そんなに無理をしなくていいのだよという。

先日、歯科で神経を抜いていただいた。内科の先生には、あの痛みは耐えがたかったでしょう、と言われた。うーん、と絶句して考えてみたけれど、実はいつもの痛みの方がよほど大変なのよね。

十月二十四日　土曜日

大阪市の松井市長が、「シニア層が走るのを見ても一般の人は嬉《うれ》しくない、家族は楽しいけどね」と言ったとネットに出ている。

誰かさんたちの声を、単純に代弁しただけだとは思うけれど、随分正直な人だと思う。でも、弱者には弱者の視点というものがあるはずだ。耳を澄ましてその声を聴けば、思い掛けない豊かな世界が拡がる場合があるのに、とは思うのね。

十一月

十一月十二日　木曜日

先日市立美術館に行ってきた。棟方志功の、実に素晴らしい自筆画があったから。けれども身体の不調を押して出掛けたせいか、機会はこれで二度目だったのに、十分に眺めたという感じは持てなかった。

不調だと絵は本当に少しばかり霞んで見え、頭も十分に働いてくれないのである。なのでもう一度行こうかと思っている。

けれども嬉しいことに、木下晋の作品が所蔵品として展示されているのを見付けた。万歳《ばんざい》！展示されていたのは、以前にも見たことのある「正眼」という絵である。ちなみに大きさは一二五×二三〇・五センチ。

彼は濃淡の鉛筆を駆使して大きな絵を、それも人物画を中心に描いている。それは本当に驚くような精緻さで、これが細い鉛筆の先からのみ生まれたことはなかなか信じがたいと思う。

彼の最新の個展を見に、有楽町まで行ったのはちょうど一年前、昨年の十一月だった。彼は苦労を重ねた生い立ちで、モデルも社会の底辺に住む人たちを中心に描いている、白黒のみの彼の絵が、人気を得て取引されているとは思えない。

彼の、どちらかと言えば地味な絵に囲まれて座っていると、小さな展示室全体が何と静かで、清らかな幸福感に満ちていたことか。

そしてたまたま来合わせていて、ほんの一言二言、言葉を交わした画家の眼差しの何と深く、優しかったことか。

今回の美術館の企画と展示は本当に面白かった。

十一月十三日　金曜日

家の近くに都立公園がある。歩いて一巡すると一キロ半には満たないくらい。元は米軍の基地だったこともあって、雑木《ぞうき》が沢山茂っている。

毎日のようにアルジとここを歩く。今は様々に紅葉した木々の重なりが本当に美しい。日光へ行くと、夏などは木々の緑の多様に目を奪われるのだが、ここでは紅葉して初めてそれがくっきりとするようである。

木の芽時の美しさも格別である。まるで日ごとにレースの編み目を増やすかのように、小さくて柔らかな若葉を拡げてゆく。それに連れてだんだんに、青空の占める部分が少なくなっていくのだ。秋はこの逆。

夏は蝉時雨《せみしぐれ》が耳を被う。最近聞かなくなったと友人が言うヒグラシも、毎年公園内の同じ場所で鳴く。虫たちはあまり移動をしないのかな。

はかなげに鳴くと思われているヒグラシも、生存競争は厳しいらしくて、鳴き声も個性があるように思う。今年は声にジャイアンを思わせるのがいた。

そのジャイアンをはじめ、今年はヒグラシたちが秋口に一斉に居なくなった。アブラゼミやミンミンはまだ盛んに鳴いている。

彼等が一足先にいなくなるのはいつものことなので、ヒグラシは短命なのか、と思っていたら、しばらくして一群れがまた鳴いていた。彼等の都合は本当に聞いてみないと分からない。

まれに雪が降ると、辺りの景色は一変する。

雪国の人の難儀《なんぎ》にはとても申し訳ないのだけれど、こちらでは雪が積もることはごく少ないので、辺りを一変させる美しさは貴重である。

そうでなくとも公園の一角の樹木には、毎年雪吊りが設《しつら》えてある。これは見る者の楽しみの一つ、本当に。

十一月十九日　木曜日

数日前の新聞の読者の欄に、外から分からない痛みに、理解をして欲しいという投書が載《の》っていた。思うに理解してもらえる、というのは癒《い》やしの最たるものだ。

手当てという言葉は、傷口にそっと手を当てることを言っている。単に手を当てただけでも人の温かさが伝わって、痛む者はほっとして少し楽になるのだ。

ともあれ医者であれば分かってくれるはず、というのは患者の思い込みであって、医師が患者の痛みに一々共感していたら、負担が大きすぎるはず。ここで患者は罹患《りかん》したことに覚悟がいるというものだ。

ワタシも医療者も含めて、色々な人たちに、無理解だか誤解だかの言葉を浴びせられた記憶があるけれど、医師も万全ではないのだと諦める他はない。

専門家といえどもなまじ知識を持つと、相手を傷つける可能性があるということだろう。

それもこれもひっくるめて、病気になって分かったことも多少はあると思う。ともあれあまり酷くない時に、鼻歌を歌うくらいはできるようにはなった。

十一月二十四日　火曜日

朝から元気がない。勿論痛みがしっかり主張しているからで、ついでに頭もぼんやりと痛んでいる。

仕方がないので、いつもの通りなのだが朝食後ソファに横になる。ネットという有り難いシステムのお蔭で、慢性の眼精疲労《がんせいひろう》に悩まされていても、時間の浪費は随分防げている。

最近はもっぱらシューベルトの「冬の旅」。何人かの演奏を聞き比べているうちに、ドイツ歌曲などに興味のないはずのアルジが、ほんの断片を口ずさんでいた。へぇ……。

今朝はその「冬の旅」でちょっと面白い録音があったので聴いてみる。どうも素人が歌っているらしいのである。それもお酒の入っているような、本当に情けない歌いっぷりである。やけ酒かい！

おまけに二十四曲全てに挿絵《さしえ》らしきものが添えてある。ゴッホの青の時代とムンクの「叫び」を足して二で割ったような、どう見ても少々雑な絵である。

元々深淵《しんえん》な芸術歌曲である「冬の旅」なのだ。

歴代のドイツリートの歌い手の、演奏の格調の高さには、改めて触れる必要などないくらい。終曲の「老楽師」などは、誰かが能の舞台の果てる時に喩《たと》えていたくらいである。

そう言えば「冬の旅」のストーリーは、そのまま新作能として仕立てられそうな気がする。駄目かしらね。ワタシ、能をよく知らないのだけれど。

いやいや、「冬の旅」の主人公は、そんな端正な人間ではない。結婚をしたいと思っていた村娘は、より有利な相手を見付けた。振られて涙をこぼし愚痴を言いつつ、野原を当て所なくさ迷うのが主人公である。決してエリートなどではなく、おまけに失恋して日が浅いのか、立ち直ろうなどという気力もない。

歌っているのはJohannes Quistorp、ヨハネス・クイストルプ？　それともキストロープ？　一体誰だ、と思って早速調べてみたら、これが何と十九世紀のポーランドに生まれた実業家だった。

歌っているはこの人だろうか。時々音をわざと外しているけれど、いい声である。ピアノのRyuzo Sekoはネットにお名前がない。

添えられていたのはTonarten folge der Urtextausgabe Tiefe Lageという言葉。早速手元の独和辞典を開く。

結局、何だかよく分からなかったのだけれど、Tonartenは曲の調整に関係する言葉。folgeは結果を指すらしい。

続いてUrtextは原曲。textという字が使われているね。残りの単語は出力という意味。次いでTiefe Lageとある。Tiefeは深いでLageは位置、んん？　だいたいの意味は分かったように思うけれど、今度ドイツ語も得意な誰かさんに聞いてみようかな。

ここまでやって、目が言うことを聞かなくなったので終わりにする。どうもクイストルプの録音を見付けたRyuzo Sekoの、電子楽器か何か使った、遊び心でできた作品らしいという見当は付いた。やれやれ。

十二月

十二月六日　日曜日

机の上に喪中欠礼の葉書が幾枚か届いている。こういう葉書に返事を出さない人が、たまにいるらしいけれど本当かなと思う。

ともあれ一筆書こうと思って、文箱《ふばこ》をあけて目的に合う葉書を探す。

まず出てきたのは外国の古い絵葉書、これはサンフランシスコのSFMoMAで買ったっけ。もう随分昔だったからすっかり変色している。それにしても何でこんな絵柄を買ったのだろう。

市内の喫茶店で開かれた、日和崎尊夫の版画の個展のものもある。これも変色してしまったし、図録があるからもう処分してもいいかな。友人たちと三人で見たのも懐かしい思い出。

まだある。熊谷守一のもの、それからまど・みちおの絵葉書。まどさんの絵の個展は娘と行った川崎だった。

底の方から出てきたのは府中市Aと書かれた幾分大型の封筒。

今から四十年余り前、子供たちを乳母車に乗せて絵本を買いに行って、財布を落としたことがあった。じきに送り返されてきた財布が入れてあった、記念の封筒なのだ。表書きを見れば、お年を召した男性のものだとすぐに分かった。住所を確認するために中を見ました、失礼をお許し下さい、と添え書きがあって中味は無事であった。私にしては大金が入っていた財布だった。

財布をなくした経験は他にもあって、西武線の踏切で落としたらしい財布を、拾っていただいたのは高校生の時だったと思う。間もなく警察から連絡があって受け取りにいったのだった。拾って下さったのは、小さな赤ちゃんを抱くお母さん。庭に真っ白なおむつが幾枚も干してあった。お名前はまだ記憶をしている。お元気でいらっしゃるだろうか……。

整理整頓の悪い文箱には私の時々も一緒に入っている。床に屈み込んでごそごそと時を過ごして、結局何も整理できないまま少々冷えてしまった。

十二月十三日　日曜日

また昨日から具合が悪い。日々消えることのない痛みの他、何とも言えない気分の悪さで力が出ないのだ。何なのだろうと思ったら、高熱を出した後の、身体が消耗した状態に似ているような気がする。

コロナの罹患者《りかんしゃ》が増えて、医療が崩壊をし始めている。医療者の切羽《せっぱ》詰まった声をよそに、菅首相は状況を笑顔で語っていた。メルケルさんの施政方針とは天と地の差である。

ついでに言えばあの方のドイツ語は本当に美しい。いや、ドイツ語が分かるわけでは全くない。発音と声の深さを聞いていると、この方は歌を歌うのがお好きなのではないかしらと思ったりする。きっと上手なのだろう。

十二月二十七日　日曜日

老いるということは不可逆的に自分が壊れていくことだ。言葉には出さなくても、誰でもその辺りは承知しているから、そんな怖いことはなるべく考えないようにしている。

だからいざ老いて、あるいは障がい者になってから、その状態をやっと実感するのだ。長く老人と生活を共にして、実態を分かったつもりでいても、いざ自分が老いてみると実際はまた別だった、と誰かが言っていた。

何がどう違っていたのか。

もう私には色々なことが分からないのよ、と年長の友人は言う。

記憶が続かなくなり、理解力が落ちて繰り返しの説明にも耐えられず、周囲の状況が掴めなくなっているのだ。杖とも柱とも頼みにしていた言葉を失い、自身の立ち位置がどうなっているのかを確かめられないと。

果てのない不確かさは恐怖であり、傍の者の慰めでは補いきれない。大切な人たちと二度と会えなくなる死に、一人で向かっているのは耐えられないことではないだろうか。

周囲がどれほど心を込めて繰り返してみても、彼等の慰めにはなり得ない。その恐怖の深さ。老人を描いたメイ・サートンは、人の優しさは触れられたその手に感じる、と言ってはいるけれど。

十二月二十九日　火曜日

身体中が痛い。多分他の日よりも痛みが酷いのかも知れない。本人はいつも今が一番痛いと思っているが、それでも少々頭が弱いせいなのか、明日の痛みまでは考えない。でも、もしかしたらこれは存外いいことなのかも知れない、と思う。確かキリストもそんなことを言っていた。明日のことを思い煩うな、と。一日の苦労は一日にて足れり、だよ。

それでも、片付けようと思っている仕事に、どうにも手が付けられないで時間が過ぎていくと、少々やけっぱちになる。眼精疲労と緑内障《りょくないしょう》を気にしながら、詰まらないネットを見てぼんやりとしている。

二〇二一年

一月

一月二日　土曜日

大晦日から子供たち全員が来ていた。例によってお酒と子供たちの大騒ぎのお正月だったが、先ほど娘の一家が帰宅。豆台風の二人は大いに楽しかったようである。一番楽しかったのはじいじとばあばかな。大勢いるのはいいものである。

まだ残っている息子との、静かな時間がやってきた。彼は今、ソファに座って本を読んでいる。この静かな時間もまたとてもいい。

毎日、何だか中途半端とさえも言えない状況で生きている。そしてじきに週末が来る。まるで日めくりをめくっているように、目の前からひらひらと日にちという時が、手に取ることもできないうちに飛んでいってしまっている。

一月六日　水曜日

今し方テレビで保険の宣伝をしているのを見た。持病があり手術歴があっても、さらに高齢になっても掛けられ、しかも掛け捨てではないのだという。

これでお前たちに迷惑は掛けないよ、と満面の笑みの高齢夫婦と、それを見ている息子夫婦も安心の笑顔。

ほんとかな。近所でも子供たちに迷惑を掛けないように、という年寄りたちの言葉を聞くけれど、間近で高齢者を見続けてきた私には、にわかには信じがたい。

子供たちだって日々の暮らし、子育てに自分たちの老後……と精一杯、ぎりぎりの暮らしをしている人が多いのだから、老人が彼等の生活に乗っかろうというのは、非常識というのが昨今の感覚である。当然である。

今は介護施設というものがあちこちにできて、お金さえあれば身体不自由になろうとも、認知症であっても一応は暮らしていけるようになっている。本人が施設に入るのに抵抗はあっても、家族にとって介護の負担は大きすぎるからである。

けれども施設に入ってもなお、子供の世話に頼らざるを得ないことが多い。

施設によって家族の負担は違うようで、ところによっては洗濯物は、家族が持ち帰ることになっているなど、週に何回かは通う必要があるようだ。

加えて彼等の通院の付き添いや、預貯金の管理等々、しなければならない用事が思いの外多く、施設に預けたからもう安心というわけには、なかなかいかないようである。

老いるということは、戻りようもなく自分が壊れていくことである。今までできていた些細《ささい》なことが、日を追ってできなくなっていく。

着ているものが汚れていても洗濯がおっくうである。いや、できなくなる。状況によってはトイレに間に合わず室内で失敗をする。

理解力が落ちたので、自分について話されている事柄は何なのかが分からない。

いやその前に、よく分からない身体の不調が、理解の邪魔をしている。おまけに耳が遠くなっているから幾度も聞き返す。記憶が保たないし、そうなると猜疑心《さいぎしん》が強くなっていく。

食事の途中で食べ物を落とし、辺りをみっともなく汚す。それで注意をされるとかんしゃくが起きる。分かっているのよ、と。

頻繁に相手の目の色を窺い、有り難うとごめんなさいを、卑屈なほど繰り返さなければならない。存在そのものが薄汚く、ひどく惨《みじ》めったらしくなるのだ。

彼等が持病のために病院に通う時の、付き添いをやってみれば分かるけれど、長く退屈な時間の浪費でありひどく疲れるのだ。しかも一度きりではない。傍の者に掛かる煩瑣《はんさ》な出来事の、いつ終わるのか分からない連続。

いや、大げさでは決してない。

誰もかれもそんな自分を想像する等という、恐ろしいことはなかなかできないので、自分は大丈夫だと思っていたいだけなのである。

最後は死後の荷物の整理。不要になった持ち家を更地にするのだって、百万単位のお金が必要なのだ。これがあちこちにある、放置された家の現実である。

私たちが若い頃は、まだ「家」という感覚が残っていて、老後の心配は軽減されていた。でもそれが如何に不条理なものなのかという感覚が、だんだんに浸透してきて介護施設があちこちにできた。公的な介護サービスも整えられてきた。

それは本当に良かったというより、あまりに遅い出現であったと思う。まだまだ、自分の行く先を他人事《ひとごと》のように思っている男性は多い。

一月七日　木曜日

今日も加齢についてつらつらと。

思い付いて念のためにネットで検索をしてみる。

「老年学」という学問の発祥はやっと二十世紀に入ってからだった。そのせいか読んでみると、大したことは書いてない。どうかするとネットの記事も、物足りないことがあるのよね。

けれど歳を取ることを幾ら学問してみたって、実態とはいささか離れているのではないだろうか。研究者たち自身が高齢に至っていないもの。

介護のまねごとをほんの少ししたけれど、実際のところは何も分からなかった、というのが本当のところだ。

他者の心情や状態を理解するのは、本当に難しいものだと思う。

ワタシにしたって、皺《しわ》だらけになり、身なりにも無頓着になりつつある自分を如何にせんか、と思う。既にメンドクサイのである。

一つ、二つの「つ」の字の取れない子供時代から、人間は歳を取れば賢くなるとは思っていなかったから、単に高齢だから尊敬しろというのは無理な話だと思っている。修練をしないまま歳を取った人って多いものね。

ワタシにしても、手元の電子機器の使用を幾度教わろうとも、翌日には操作不能になる。家中の電機製品はみんなアルジが操作をしている。よってノータッチで済ませている。

数字は音痴を通り越して、アレルギーの域に入っているから、数え間違いをしないのは珍しい。一人になったら、食事の支度に難儀するだろうことは目に見えている。自分一人の食卓を整えるのは、人によってはできることかも知れないのだけれどね。

そうでなくとも、買い物など、出掛けた先で馬鹿みたいなミスをして、顔を眺められることがたまにある。粗忽《そこつ》は元からには違いないのだけれど、自分でも認知症の始まりか、と疑う。

要するに一人暮らしは、既になかなか難しい状態にあるのだ。それでもおかしなプライドだけはまだ、ほんの少しだけだけれど残っている。自尊心というものがなくなったら、人間なんてそれこそはた迷惑な、厄介な存在になるのではなかろうか。

それでも高齢になって弱り果てた時、ため口だの、上から目線だのは我慢するのは難しい、と思う。ここで我慢をしていると、卑屈にならざるを得ないし。

こう考えてくると、弱者に寄り添うという言葉の危うさが思われるのだ。寄り添うという言葉は、どうも立場の強い者が発しているような気がする。

人にはたとえ夫婦でも深い断絶があり、それは越えることはできない。けれども目の前の相手と、関わりを持ち続けたいと思い続けるのが、生きるということなのだろう。あの野坂昭如の「黒の舟歌」のように。

今は経済最優先、効率第一主義の世の中である。どうかすると、老人は有害物みたいに言う声が耳に届いている。

いやいや、あなたたちのせいではないのよ。弱者といわれる人たちを、社会から隔離しようとする動きが良くないのだ。普段の生活で、老いや障がいのある人が身近にいたら、人の感覚はもっと柔らかく広くなるのではなかろうか。

どんな天才だって、若くして死んでしまえばその後の大成は見ないし、歳を取ってみなければ分からないことなんて、それこそ沢山あるのよ。老境はとても豊かなことのはず。

けれど子供たちの誰かが暮らしを共にしてくれたら、等とワタシは思いたくもない。

生活のリズムが違うし、ものすごい勢いで世の中が変化している。年寄りにはそれまでの暮らしの集積があるもの。自分のテンポを保てない毎日は辛いと思う。

それに若い世代にとって、年寄りと暮らすのはダモクレスが眺めた、あの剣の下で暮らすことにも似ている。

いつこちらの都合で、彼等の生活の方向転換を迫る事態になるのか、分からないからである。誰かの犠牲の上に、別の誰かの幸福があってはいけないはずだと思ってはいる。

一月八日　金曜日

今日はちょっと酷かった。朝食の支度が済んだら眼精疲労が酷くなった。胸がむかついて吐き気のような感じがする。ついでにいつもの痛みがあって、これでトリプルパンチである。

本当に何もできないから、食事と珈琲が済んだらベッドに直進する。頑張ってできたことは、寒中見舞いを二通書いただけ。三通目の葉書はどうにも書けなかった。

一月十一日　月曜日

この冬の始まり頃からしばらくの間、家のツツジが咲いていた。その最後の一枝、まだ他の蕾の半分にも満たないものを、古いガラスの瓶に入れてある。

あのツツジはもしかしたら、先の住人であったアルジの弟の一家が植えたのかも知れなかった。ツツジは大きくなると灌木《かんぼく》のようになるけれど、うちのは四十年余り経ってもまだ一メートルに満たない大きさである。ワタシの面倒見が危《あや》ういせいである。

それでも一度枯れかけたが復活した賢い木なのだ。ホームセンターなどであまり見たことのない色柄で、花の一カ所だけに濃いめのピンクの模様が入っている。

小さな蕾《つぼみ》は活けてから、優に半月は過ぎているかと思う。枯れもせず、本当にゆっくり大きくなってきて、ほとんど純白であったのがとても淡いピンクになってきた。細い小さな枝に、こんな生命力があったのだ。

一月十九日　火曜日

今は女性も外で働く時代である。安倍総理の、一億総活躍社会という掛け声もあったっけ。育児や家事のような無償労働は、働くという範疇には入らないのかな。

ふざけるなよ、と思って聞いていたけれど。人の生き方を、他人がこうあるべきと推奨《すいしょう》するなんて、賢いことだと思っているのかしら。

女性が外で働くのは、とてもいいことなのだとは思う。

ただ現状ではそのための準備が不十分なのだ。社会はまだ男性が外で働き、家庭を守るのは女の仕事という意識が払拭されていない。過渡期にあるのだから、それを踏まえて考えなければならないのである。

でも、子供は幼いほど身体ばかりではなく、心理的にも十分な保護を必要とする。何しろ完璧に安全な子宮から外に出てきたばかりで、新しい世界に不案内なのだ。言葉にできなくても、きっと不安でいっぱいだろうと思う。

不思議なことに、当事者で一番の弱者である赤ちゃんが、何を感じているのかはいつでも話題に上って来ない。

粗略に扱われた時、子供は何も言えなくとも心理的に深く傷つき、その傷は子供の生涯を左右する。

ここで人の一生にとっての母の役割は決定的なはずで、誰であったか、家庭がめちゃくちゃですからな、と嘆く精神科医の言葉を聞いたけれど、そうであればなおのこと。身近にいる大人の深い愛情と、知恵と工夫の連続が必要なのだ。

今、家庭内で済ませていた子育てや、病人の介護を含む家庭の維持諸々は、そのかなりの部分を社会の手で行われるようになった。

何と言ってもそうした家庭内の仕事への評価が、低すぎたからだと思う。誰だって細切れの単純な雑事に追われるより、頑張った評価が現金という形で報われた方がいいに決まっている。外で働けば色々な知見も得られるし。

男性群もやってみたらきっと分かると思うけれど、家庭の維持なんてそんな簡単なものじゃあない。仕事の種類と周囲の状況、それに時間の配分を考えないとうまく回らないものなのよね。

家族の健康を察知するにも、食生活を管理するにも、無知のままではとても危険なのだ。生活習慣病も勿論無知のなせること。

家族の精神的なバランスを維持し、障害を小さなうちに取り除くにも、元気な誰かの眼差しが物を言う。

とにかく、家庭内で片付けられていた諸々が、スーパーを含む保育所や施設、病院などに預けられ、疲れた女性が帰宅途中に、夕飯を買って帰る姿を止めることはできない。けれど核家族という形の中で、人生の最初から老いて死に至るまでを見届け、深く考える機会が少なくなっているのだろうとは思う。

一月二十日　水曜日

痛みを抱えているとしばしばへたり込むのだけれど、いつまでもそうしているわけにはいかない。辛いに違いないが、することがあるというのはいいことだ。

生きていくのに必要な最低限の、という厄介な雑事がなければ、きっと人間はダメになっていくのだろう。暇という名の無為ほど怖いものはないと思う。ボードレールもそう言っていたよ。というわけで、なけなしの元気を掻き集めてどうにか立ち上がる。

今はいいご時世である。私みたいな半呆けで、あまり役に立たない者でも、何とか生きていける。たとえ台所に立てない時でも、冷凍庫には弁当やおかずがどっさり入っている。本当に有り難いことなのである。やれやれ。

一月二十六日　火曜日

朝、居間のカーテンを開けると電線の上でヒヨドリが騒ぐ。庭からスズメが十数羽飛び立つ。

うちはうっかりカーテンを開けたり、庭に出たりすると小さなものたちを驚かしてしまうのだ。

ドバトは土の上を歩き回り、スズメは土中の虫をつつき、ヒヨドリは植木に果物が刺されるのを待っている。彼等はひとしきり鳴き交わして、何も出てこないと分かるとどこかへ飛び立つ。ごくたまにセキレイも来て遊んでいく。

ミカンやリンゴを植木の枝に刺しておくと、まずやって来るのはヒヨドリ。彼等は食欲旺盛である。

順番を待ち兼ねて、ちょこちょこと絶え間なく小枝を飛ぶのはメジロだが、果物が小さかったりすると彼等の分がなくなる。

ヒヨドリは一羽ではないし、なかなか大食漢のようでもあるし、みんなを満足させるとなると、こちらの貧弱な財布が保たない。見ていて悩ましいところである。

ヒヨドリと言えば、以前私が庭にいると、待ちかねたように姿を現す一羽がいた。仲良しになれそうで嬉しかったのだけれど、うかつな私が果物を目の前に投げたら、慌てて飛んでいってしまった。その恐怖に目を剝《む》いた顔が、クローズアップされて見えたのが忘れられない。

餌を撒《ま》くのはいいが、みんなウチの駐車場のフェンスに止まって、落とし物をしていく。上が真っ白になったフェンスと駐車場は、こちらが少し我慢をすればいいかも知れないが、そこにはお隣の車も止まっている。

彼等の生息地を潰《つぶ》した人間の身勝手であると思うが、他人様《ひとさま》の車があるとちょっとためらわれるのだ。

たまには東側のお宅のネコもやって来ていた。無邪気そのもので、それは可愛かったのだけれど、どこかの家でこっそり飼いネコにしてしまったらしく、以来姿を見なくなってしまった。残念。

野良ネコをほとんど見なくなって久しい。聞くところによると感染症研究所では、真剣にペストの流行を心配しているそうである。ネズミが異様に増えているらしい。ペストはネズミにたかるノミによって、人に伝染するという。

かつて欧州でペストが大流行したのは、ネコは魔女の使いだという言い伝えがあったからだと聞いた。

彼等が目の敵にされ、虐殺されて数を減らしたのが一因なのだそうである。迷信は怖い。そう言えば「魔女の宅急便」にも黒いネコがいたな。

もっとも今時のネコは、野良といえどもキャットフードの味に慣れて、ネズミなど遊び相手としか思っていないらしい。

ウチにも箱入りネコというのがいて、たまたま室内に入ってきたセミに目を輝かせて、こちらにおいでと呼び掛けたりしていたが、進行の早い癌になって死んでしまった。庭石の脇の、白い漬け物石みたいなのは彼の墓標である。

一月三十日　土曜日

朝食の支度の最中、私は少しばかりうんざりしたのだった。

テーブルがだいたい調ったと思ったアルジは、座り込んでスマホのニュースを見始めた。いやいや、まだ出ていないものがあるでしょう。

口元まで出掛かったけれど、彼の気の利かなさに既に中《ちゅう》っ腹《ぱら》になっているので、黙って支度を続ける。気が付けよと言っても、オジサン方には無理なのは承知している。

何より、こんな些細なことでむくれるのは、私が不調の証拠である。その不調が、いつもよりキツいのかも知れなかった。

もっとも稼ぐのは自分、サービスをするのは養われている側の仕事である、というのはまだまだ多くの男性の、身に染み込んでしまっている感覚である。

その無意識の「普通の感覚」が、たまたまどこかの誰かに垣間見えたりすると、おやこの人も、と驚くことがある。

まぁ、少しくらいのすれ違いはものの数ではないのよ。でも子供たちから楽しいメッセージが来ているよ、とはまだ話していない。知らん！

二月

二月二日　火曜日

朝から身体が痛んでいる。いつもよりキツいらしい。けれど不調を引きずってでも、したいと思っていることはやってしまわないと収まらない。この何とも厄介な性分は若い頃からで、既に付ける薬はないのである。

おまけに体調が悪いと、機嫌が悪くなるという性分《しょうぶん》である。でも遅く起きてきたアルジは、何やら楽しそうにしているから、それを壊すことはできない。

仕方がないから中っ腹みたいな気分を抱えつつ、適当に調子を合わせていると、そのうちにこちらも楽しくなるという、嬉しいおまけが付いてくるのである。

もっともいつもこんなにうまくいくとは限らない。気分の変調に勝てない時だってあるもの。よって被害者は彼と決まっているのである。ゴメンナサイ。

二月五日　金曜日

痛みに耐えきれない時は、ネットのお世話になることが多い。開くのは動物の動画。特にネコ。

ウチには先代と、その次と二匹のネコがいて、家族みんなに可愛がられていた。でも、彼等が本当に幸せだったのかどうか、人間には分からないよとたまに思う。

当時中学生だった息子は、最初のネコがまだ小さかった頃、こいつ一生これでは悲惨だなと言っていた。そうだね、ネコは学校へ行かないし、にゃあにゃあ言ってお終いよね。

アフリカの動物たちの楽園、なんていうのも見る。でも楽園なんて一体誰が言ったのだろう。そこはいつだって油断のできない、食うか食われるかの世界。理不尽な惨劇はいつでも突然やって来る。

飢えや渇きに追われて、危険極まりない長距離の移動を余儀なくさせられるヌーやバッファローの大群を見ていると、本当は地獄絵図なのだとしか思わずにはいられない。

最近の映像は、残酷な捕食シーンも余さず映す。そのあまりの数の多さは、それが如何《いか》に普通のことなのかを思わずにいられない。それでもこんな映像ばかり見たくないとは思うのね。

二月七日　日曜日

アルジが果物を少し多く買ったので、孫たちに届けたいと言う。そこで娘に連絡を取って、マンションの玄関先で渡して、そのまま帰ることにした。親ばかもここまで来ると付ける薬はない。

多摩川に沿って沿線道路を走る。

堤防の遊歩道ではジョギングをする人や、カラフルなウエアを着た、若い人の自転車がすいすいと走り、河原にはあちこちで子供たちの球技等々。車の中まで歓声は届かないけれど、大人も子供たちもよく晴れた日曜日を満喫している。

けれども珍しいことではないとはいえ、今日は特に身体が痛い。ウチの車の乗り心地は普通だと思うけれど、たまに揺れるとひどく痛む。

いつもは背骨の右側が多いのだけれど、今日は左だよと思っていたら、そのうちに背中じゅうが痛み始めた。頭も痛い。

しかもかなりキツイ。耐えかねて身をよじる。しばらくすると目の痛みも。もう少し痛みがきつかったら、限界を超えるかなと思う。

これは往復三時間半余り続いた。あまり痛いと息が切れる。駅は遠いはずなので、ここで車を降りるわけにはいかない。電車に乗っても楽になるとは思えない。

大分前、ウチの駐車場に、白いイモムシが落ちていたのをふと思い出した。

拾ってどこか安全なところへ置いてやりたいと思った。けれども手を伸ばす前に、彼だか彼女だかがアリに噛まれているのが分かった。

痛そうに身をよじって、逃れようとしているイモムシを助ける術などなかった。既に他のアリたちも寄ってきていた。彼等も食料が必要なので、人間が邪魔をすることはできない。

あ、あの時のイモムシと同じじゃん。私も身をよじっているのだものと思った。考えてみたら痛みもあのイモムシに近いのかな、そうだとすれば今の痛みは相当なものなのだ、と思い当たる。

ふーん、思わぬところでイモムシと私が繋がっていたよ……。病気は人生を破壊する。でも逃げることはできないのだ。痛みも何も、全部自分で引き受ける他ないのである。
けれども今日という日が、これほど痛むのだと分かっていたら、家に留《とど》まっていたかというと
その辺は不明。おちびたちには正月以来会っていないのである。下の子は今年一年生。二人とも
可愛い盛りなのである。

二月十二日　**金曜日**

渋谷のBunkamuraでやっている、ドアノーの写真展を見に行く。彼の写真集はどこかで手に
入れたのがあったが、今回は「ドアノー／音楽／パリ」というのがテーマである。
第二次大戦直後のパリの景色は、どこか記憶の中の東京の風景と重なって、とても懐かしい。
街角のアコーディオン弾きや酒場の歌い手等々、庶民の日常がそのまま截《き》り取られていて、と
うに亡くなった人たちの息づかいが、写真の中に感じられる。
会場にはシャンソンが流れている。友人のチェロ奏者パケとのいたずらな写真、サティやブー
レーズ、メシアンやシャルパンティエ、クセナキス等の錚錚《そうそう》たる作曲家や指揮者たち。
それからブーレーズやシフラ、イヴ・ナットなどの演奏家。レコーディング中のマリア・カラ
スのポートレイト。ジャズを演奏している場面や、ロマの人たちの独特な表情も。写真からは音
楽も聞こえてきそうな。
カラスの写真集は家にもあった。写真集は実像と演じている虚像が、重なって見えるのが面白

くて買ったものだった。何年前のことだったかしら。

けれどもドアノーの撮った写真は、虚飾の一切を取り払った、初めて見るカラスの姿であった。それは思っていたより小柄で、写真集とは違った実に可愛らしい彼女であった。

若かった頃、カラスの演奏を聴いたことが一度だけあった。確かNHKホールであったと思う。声楽家としての最盛期をやや過ぎて、ジュゼッペ・ディ・ステファノと組んで、二重唱やアリアを聴かせていた時期であった。

実はオペラアリアのオムニバスを、プログラムにするのはなかなか難しい。オペラが一曲通して演奏されるのであれば、全体の流れに乗って歌えるのだけれど、一曲ごとに違う作曲家の、それもアリア一曲だけをその場で歌うのは、演奏者の素早い気持ちの切り替えが必要になるのだ。

おまけに音楽会のプログラムは、実は高級料理店のコースメニューに相当するくらいのものだ。世界的な演奏家であっても、その辺をうまくチェンジできないことが、まま ある。

舞台のカラスは見事であった。幾つものアリアを続けて歌いながら、今はこの人に、次は違ったオペラの主人公にと、赤いドレスの周りの雰囲気さえも、すっかり変わっていたのが忘れられない。曲目はとうに忘れてしまったけれど、懐かしい思い出。

ドアノーは沢山の写真を遺したらしい。手元にある彼の写真集も面白いのだけれど、今回の美術展の企画もとても楽しかった。

美術展は学芸員によってテーマが決められて、面白さの種類も印象も、大きく変わってくるのである。帰りにサルトルの短編集を買って帰る。

二月十五日　月曜日

友人が九十歳を超えて夫君の老化に胸を痛めている。

「老いの不可逆性というのか、自らも感じていることが相手にも現れると余計衝撃を感じるのよ」と言う。夫君とは同い年である。

友人夫妻を、ご家族は薄氷を掌《てのひら》に載せているように気遣っている。こちらとの別れもいつ来るのか分からない。辛い時が来ようとしているのだ。

最近、アルジとワタシの終末期が切実に思われるようになってきた。

子供たちは二人とも離れたところに住んでいる。何もかも人手を必要とする状態になっても、彼等を度々呼ぶ等はできれば避けたい。同居して日々の生活を助けてもらうなどは論外である。

人が老いて戻りようもなく衰弱していく姿。それを目の辺りにしながら雑事に追われ、葬儀が済んでしまってから、自分の介護の不十分を後悔する。

介護の精神的、肉体的負担は、やってみなければ実感できないのだ。全てが終わってから友人たちが、完治の期待ができない病気を抱えてしまった姿を、幾つも見てきている。

医師の大橋洋平さんは余命を宣告されながら、ご家族に介護について後悔をさせないよう、患者風を吹かせている、と仰る。

ご本人によれば看病でお疲れの家族に向かって、後々後悔をしなくても済むようにと、我が儘放題をするのだそうである。でも、介護の大変さを多少なりとも知る身としては、とてもそんなことはできない。

老いて心弱くなり、自分の立ち位置さえも判然としなくなっていく。友人がそれを嘆くのを見れば、心を尽くして慰め何とか笑顔になってもらおうと、その都度必死で頭を巡らせる。別れの時は近いという事実が、厳然と目の前に控えている。

二月二十五日　木曜日

痛む。しかもかなり強い痛みである。横になるほどではないが、まるで足に大きな錘《おもり》を付けたみたいに、何をするにも邪魔になる。いつものことで幾らかは慣れているから、多少の耐性も付いてはいるとは思う。でもホントに邪魔である。

横になっていてもいいことはないし、仕方がないから頑張って働く。たまにはたまりかねて痛い、と独り言を言う。勿論アルジに聞かせるつもりはない。耳に入っても彼は困惑するだけなのだから。

そこでいつもの、でたらめソングと名付けているものを歌うことにする。今日は滝廉太郎の「花」。春のうららの隅田川……というあれである。

歌いながら時々わざと音を外す。フレーズが変わるところで転調をする。やがてアルジが止めてくれ、耳がおかしくなる、と悲鳴を上げる。
こういうのはよく聞こえるようなのである。

三月

三月二日　火曜日

相変わらずの毎日である。つまり不調の日が続いていて、思うようにならない日々が続いているのだが、それは承知なので、良くはないがまぁいいよと思うことにしている。

問題はだらしなさの度合いが、少しずつ進んでいるということなのだ。

ほんの何年か前までできていたことができなくなっている。家の中の細かな掃除は、以前から不十分だったのだがその数が増えた。

気にはしているのだけれど、手が伸びない。シンクの引き出しの中に埃《ほこり》があるのだが、分かっているのよという状態で、いつの間にか日にちが経っている。

室内の掃除はアルジの役目になっているのだが、とうに一日おきになっている。そのうち自動掃除機を買うようになるはず。今は本当に便利になったね。

いつの間にか片足跳《と》びができなくなっていた。都心の地下道などでは人を追い抜いて歩いていたのに、ヘルニアを患ってからそれもできなくなった。

台所に立つのが辛くなってきて、出来合いの副菜に頼るようになって来つつある。自転車に乗れなくなり、買い物の帰りには荷物の重さに難儀をするので、おしゃれなカートを買って喜んだ。それも束の間、気が付いたら道路には平らなところがほとんどなかった。道のどこにでも微妙な高低差があって、その度に手首でカートの高さの、調節をしなくてはならない。さらにバスのステップや駅のエスカレーター等、あちこちでカートを持ち上げる必要があった。

その結果、後で腕が痛むのに気が付いた。病院に行ったら、炎症を起こしているのだそうである。身体が壊れていくってこういうことだったのだ……。

身体が動かなくなったって、楽しみは幾らでもあるさ、と楽観していたけれど、それは甘いのだと、遅ればせながら認識をし始めている。

体調不良だと、読書も絵を描くこともできないと、分かっていたはずなのに、何で今頃気が付くかな、本当に。

三月四日　木曜日
身体中が痛い。痛みが酷いと声が出ず身動きもできない。おまけに今日は強い咳が出る。どうやら風邪を引いたらしい。診察を受けたら、コロナではなさそうなのが救いかな。

昨夜からぼんやりしていて何も手に付かない。でも不意に気が付いたら、生きていたいと思っている自分がいた。

それはほんの一瞬に満たないわずかな時間だったけれど、ひどく不思議な感覚だった。へぇ、生きていたいんだ……。

三月十六日　火曜日

朝食後ソファに横になるのだが、うかつにしていると痛みに引きずられて、時間ばかりが経ってしまう。横になっていると身体中から、痛みがクッションに染み込んでいくような気がする。痛みはかなり辛いものだけれど、それに気を取られていてはいいことは何もない。頑張るに限るのだ。というわけで、まず机に向かう。

昨日下書きを済ませた手紙の清書を始めると、アルジが買い物に行くと言う。ヨーグルトがセールになっているのである。

早く行かないと売り切れてしまうのだ。自転車に乗れなくなり、車の運転免許を持たない私は、有り難うと丁寧に挨拶をして送り出す。

ついでに歯を磨き、ベッドの風通しをする。再び机に向かったかと思うと彼が帰ってくる。曰く、セールは今日じゃあなかった、のだそうである。あらら。内心、ニャロメ、と思っている。

でもご苦労様ね、無駄足だったのね、と慰めてお茶をいれる。ウチは珈琲の後は紅茶にほぼ決まっている。お湯の中にティーバッグを入れて、揺するだけで済ませられるので至極簡単だからである。ついでに果物。今日はリンゴを剝く。芯は庭に投げておくと小鳥が啄《ついば》む。

やれやれと再び机に向かい、ようやく手紙を仕上げ、パソコンを開いて不要なメールを削除し、目的の仕事に掛かろうとすると、またまたアルジが出掛けるという。

久し振りに車を動かす、そのついでにワタシの洗顔料を、買ってきてくれるのだそうである。石鹸のいいのがあると言ったんだけれどな、と思いつつ再び送り出す。

そうだ、目薬の時間だった。ついでに体温を測っておくようにと、ドクターに言われていたのを思い出す。今回の風邪はしつこい。

こうして昼食前の時間を、私はハードルを一つずつ越えながら、カタツムリかナメクジみたいな歩みで進んでいくのである。

三月十七日　水曜日

老後について、まだまだ。

障害が沢山出て来て、自宅で暮らすことが不安になる時が来る。そんな時、子供を頼りたいと思う人は多いと思う。

現に婚家《こんか》の人たちを介護した知人たちは、介護は子供にしてもらいたくない、大変だもの、と言っていたが、自分のことになるとちゃんと子供を、介護要員として当てにしている。

いや、私だってちゃんとその中に居る。衰えながら生きていくのに、あまりに孤独で無防備であっては悲惨なことになりかねない。それが怖い。

介護は不可逆的に壊れていく人の、身辺に日々付き添うことである。それは嫁の当然の務めとされていたから、長男に嫁いだら覚悟しているものと見做されていた。

いや嫁ばかりではなく、あまり話題にならなかったけれど、家の中で一番弱い立場の人に、その無償の労働の連続を要求されてきた歴史がある。こちらはほとんど話題になっていないようだけれど。

だが身体不自由な人のおむつ交換や排泄の介助、老人の食欲不振と認知症、時間も介助する人の都合も一切考えられないで、突然外に飛び出して徘徊をする人に付き添う毎日。そしてそれを監視する周囲の目の数々。

介護は回復が望めない人の嘆きにも付き合うことだ。終わりがいつ来るのか全く不明のまま、散らかり放題になった室内で、壊れゆく人と過ごすあまりにも重すぎる日々。

今は施設が整えられてきた。問題のある介護人もたまにいるけれど、大方の職員はみな優しくて本当に有り難いと思う。

これから、子供たちに手を掛けさせるであろうことは、幾らでも出てくるだろう。

それを申し訳なく思いつつ、その時々を無様に生きていく他はないのだろう、と思う。

歳を重ねるのは、常に新たな覚悟と自覚とが要求されることなのだ。

三月十八日　木曜日
今年の春は気候の関係でいつもより早く来た。公園のサクラは咲き始めているし、家の庭にも雑草も含めて咲き始めた。

花ニラは青と薄いブルーの二色であちこちに。ジンチョウゲは盛りを過ぎてあまり香りがしなくなった。

ユキヤナギは大株で、小さな花々を抱えるように顔を寄せると、白い小花と緑の葉、焦げ茶の枝ばかりの不思議な眺めになる。強くはないけれど良い香りがする。ユキヤナギの下はネコの小次郎が埋まっている。

ボケが二株、カイドウも紅の蕾を膨らませている。スイセンもウチのは少し遅れて、小さな株がそれでも三つ。他にも野のスミレがあちこちに飛んで、どれも少しずつ。

三月二十日　土曜日
少し離れたところにいる子供たちに迷惑を掛けたくない。
老人ホームに入るなら、せめて二部屋続きのところがいいな。まるでビジネスホテルのような、申し訳程度の机と引き出し、それにベッドやほとんど用をなさない台所と、小さなテーブルが置いてあるだけの部屋に長く居るのは耐えられない。
本は多少なりとも持って行きたい。少しの画材と、音楽を聴くための細やかな設備、アルジとワタシそれぞれのパソコンとスマホ。居間の隣はベッドルームで、となると、まず経済が許せばということになる。そうなるとこれはまるで夢みたいな話。

けれどどちらにせよビジネスホテルみたいな、小さな部屋で暮らす毎日は辛すぎる。けれど色々持ち込んで、果たしてそれを使うだけの体力が、残されているのかどうか……。

先々を考えておかなければならないのは承知であるけれど、その時になってみれば、きっと思い掛けない障害があったりするのだ。

従って考えることはいつでも夢物語にしかならない。なるようになるさ、と放り出すには、事態は辛すぎるものになると思う。

歳を取るということは、大きな流れの中でつかむワラを探すようなもので、なす術《すべ》がなさそうに思われるのである。

三月二十四日　水曜日

いつものように夕方七時半を過ぎると友人の一人に電話をする。最初の一声でその日の気分や調子が分かるのだが、今日はあまり良くないのかな、と心配になる。

沈んだ声で、私ね、大学院を止めたのと言う。物事がしばしば混乱している彼女だけれど、私はそれを訂正しない。

どうして？　と二、三度聞いてみても、自身でもはっきりとしていないのだ。何か訳の分からないものが、彼女の気分にわだかまっている。

ボードレールはどうするの、と言えば、口ごもりながら、勉強は続けるわと言う。彼女はボードレールを原語で読みたいがために、大学院へ行った人である。

あなた、今何をしているのと言うから、俳句の勉強と答える。

ややあって少し元気になって、いいわね、一緒にやりましょうと。ええ、勿論と答える。頑張らなくてはね、とこれはいつもの彼女の言葉。少し希望が持てるかな、と思いかけた。

けれどもじきに気分が落ち込んだらしい。その落ち込みはどこでも出会ったことのない、それは深いものに感じられた。

夫君がどれほど彼女を大切にしているのか、お子さん方の愛情の深さ、色々挙げてみても、当然とはいえ孤独の深さに打つ手はない。それはとうに分かっている。

こちらに居ても、ずっと背中をさすっているから、と言っても、いつものように笑って喜んだりしない。それを本人も自覚したのであろう、それじゃあね、お休みなさい、と言って電話は切れた。

深い憂愁は、死期の近さを自覚しているからかも知れなかった。最愛の家族との決定的な別れが近いのだ。健康状態も少しずつ、坂道を転がるように衰退して来ている。

これからいいことがあるとも思えない、と言う言葉に、老いを身近に感じている私も、声にならない賛成をせざるを得なかった。

死はこのように重く暗く、希望のない憂愁の裡にあるものだった。

四月

四月八日　木曜日

朝六時半。私にしては早く起きた。いつものドリンク剤を一本、それからぐずぐずと体操や洗濯やら……。調子が出るまでは焦らないよう自分に言い聞かせる。

今年は家の北側のツツジがよく咲いたので、横からはみ出しそうな一枝を剪《き》って活ける。淡いピンクの花が咲く古い株なのだ。いつもは丈が数センチの小さな花瓶を使うのだけれど、今日は少し大きめの瀬戸物。

食事の支度に掛かろうとしたら、調理台の隅《すみ》で一センチに満たない小さなクモが戸惑っていた。足などは絹糸半分ほどの太さもなくて、上品な淡いベージュ色をしている。

外に出してやりたい。でもあまりにも小さなクモだし、何より怪我をさせたくない。そこでメモ用紙を一枚、彼だか彼女だかの横に置く。行く手にそっと息を掛けたら、後ずさりをしてうまく紙に乗ってくれた。

そのまま小さなものをこぼさぬよう、元いた株にそっと下ろす。上から眺めたら、大急ぎで逃げるかと思いきや、息を吹きかけてみても、葉の上からじっとこちらを眺めて動かない。クモは肉食なので、大きな動物の息がかかるのはとても怖いはずである。彼は何を思っていたのだろう。たかだか小さなクモといえども、彼の感性は人間には全く分からないのだ。驚かしてごめんね、元気でいてね。

四月二十四日　土曜日

目を覚ますと同時に、ああ、今日もひどく痛い、と思う。

そう言えば何十年か前にも、同じことを同じように思っていた長い時期がある。それで気落ちしなかったのは何故なのか、今もって分からない。もしかしたら頭の働きが少しばかり、人様とずれてしまっているからかも知れない。

朝食の後の珈琲が済んでから、珍しく早い時間に二人で近くの都立公園へ出掛けた。今年は春が早かった分、柔らかな青葉が空いっぱいに拡がっている。

ここは以前、米軍の基地だった。毎日午後の五時になると、あちらの国歌が家の中まで流れてきていた。

今はその一部が手頃な広さの公園になっている。幼い子供用の遊具のコーナーはただ今整備中。その小さなフェンスには、障がいのある子供も遊べるように設計された、と書かれてあった。

公園には子供たちの幼い時から、随分お世話になっている。

それでも、というかそれなのに、障がいのある小さな子供のためにも、というコンセプトを読んで、初めて自分の鈍感さに気が付いた。無感覚は何と怖いことか。勿論自分のことである。

広い公園には子供たちの自転車や、大小の犬を連れた人たち。それにやっと歩き始めた子供を連れたパパとママ。幼い子供の可愛さは格別である。あの子たち、ずっと幸せでありますように。

噴水は燦《きら》めき、池のカモたちはのんびりと通路に出て来て、人がすぐ傍を通ろうとも動かない。テニスコートや野球場からもボールを打つ音がしている。聞いていると上手になると音も良くなっているように思う。

公園を斜めに突っ切ったら、駅が近い。今日はその少し手前、大通りの脇を入ったところに、小さな喫茶店があるのを見付けた。

昔よくあったスタイルの喫茶店なのだけれど、それよりは現代風の、明るい品のいい雰囲気。カンディンスキーやらマーク・ロスコのポスターが貼ってある。ロスコを見るのは初めて。

アルジはここの珈琲が気に入ったらしい。

五月

五月六日　木曜日
ゴールデンウイーク。三日は子供たちが我が家に全員集合する初日だった。短い時間だけれど最高に楽しい時である。

到着後、まずはみんなで酒盛り。子供たちはジュースで元気良く乾杯に加わる。娘の連れ合いは、誰も興味のない広島カープとジャイアンツのゲームに夢中で、残りの面々はそれを見て茶々を入れる。娘曰く、試合が終わるとパパの長い解説が始まって、メンドクサイヤツになるのだそうである。

翌日彼等は朝食後、嬉々《きき》として近くの小高い丘へピクニックに行った。「ね、ばあば行かないの、何で？」。ワタシは残念ながらひどく痛むのである。

夜、息子はテニス観戦。スペインで錦織選手のゲーム。対戦相手はロシアの二十四歳だそうな。五年生の孫は、伯父《おじ》ちゃんに張り付いて講釈を聞くのに余念がない。一年生は彼の座っているソファに、無理矢理割り込んで読書の邪魔をする。

一家の帰宅後、残っている息子のために、頑張って食事を出そうと思う。結局一日がかりで、野菜のみだけれど三品作った。作れて本当に良かったよ。

野菜ばかりでは栄養のバランスが取れない。朝は冷凍のイワシの団子を、うちの庭の小葱と煮た。夕食の動物性蛋白も冷凍食品に頼るのである。もうエネルギーが残っていないしね。「ね、トリの唐揚げとシュウマイと、どっちがいい？」。私は冷凍食品を、信頼できるところでしか買わない。後は残り物である。

今朝はいつもの痛みに加えて、軽い吐き気のような感じやら何やら。よく分からない不調が重なっている。体調が悪いと物事が捗らない。

五月九日　日曜日

朝六時に目が覚めたのだけれど、身体中の痛みでなかなか起きる元気がなく、ぐずぐずしてしまった。

相変わらず読書は捗らず、文庫本であっても数行読むと一休みである。

そう言えば昨晩も痛みが酷かった。ソファに横になってじっと我慢をしていたのだけれど、限界のちょっと手前かな、等と考えていたのだから、少しは余裕があったのかも知れない。

何故か陣痛時の、病院の薄暗くて殺風景な部屋を思い出していたのよ。

五月十日　月曜日

歳を取るのは難しい。誰にでもそうなのだけれど、何故、人生の最後になって沢山の難儀が降りかかってくるのだろうか。

私にはまだ、今以上に降りかかってきているものはないけれど、先行きは決して明るいとばかりは言えない。

今はかなり介護その他、生活を助けてくれる手段が充実してきてはいる。

けれども、である。死別ばかりではなく、長年付き合った友人の行方不明という別れ方もあると聞いた。

何でもご長男が、お母様を施設に入れた、そこまでは分かっているのだけれど、行き先が分からないと言う。お身内にしてみれば、ご家族の交友関係が分からないことは多いのだ。ご子息の連絡先は分からないので、探しようがないらしい。

嫌がる親御さんを、無理に施設に入れたという話も聞いている。その場合、友人に行き先が知らされたとは聞いていない。

認知症が始まった友人を、身内の方が会わせてくれないとも聞いた。それでもいいから会いたい、と言うのに。認知症は恥なのだろうか。

私が長年付き合ってきた方も、今何度かの骨折を経験して、自宅での一人暮らしが不可能になったと聞いた。

夫君に先立たれ、お子さんの居ないその方の入退院の手続きは、ご兄弟がなさっている。けれどもそのご兄弟自身も高齢で、持病を抱えていらっしゃるのではないだろうか。

問い合わせればいつもお答えいただけるのに、今回は返信がない。それも気掛かりなのである。

五月十一日　火曜日

相変わらずの毎日である。つまり痛みの方で、私といつも仲良くしていたいらしいのである。ものすごく迷惑なのだけれど。

でも呼吸の苦しさにはしばらくご無沙汰をしていた。それできれいに忘れていたのだが、今朝一時《いっとき》だったが戻ってきて、存在をしっかりと思い出させてくれた。

何の、このくらいで鼻歌を止められるかと思っていたが、アルジは眉根を寄せて難しい顔をしている。

朝食のテーブルで、ジイサマ先に逝きなさいね、と言えば、いや、逆でしょうと言う。ワタシとしては少々心許ないとは言え、頑張って彼の後まで残るつもりである。

あのね、どんなにいい人でも、オジイさんが残ると周りが苦労する、何よりアナタが大変な思いをするのよ、と言ってみた。けれども今は生活のあれこれが便利になった分、実感が湧かない人には今回も糠《ぬか》に釘のようである。

五月十七日　月曜日

梅雨に入ったそうである。朝、カーテンを開けると上空に濃淡の雲が拡がり、西の方はそれが切れ切れになっていて、切れ端の奥にはきれいな青空が覗いて見える。上空で風が、それぞれ海流のように吹き荒れているのだろうか。

五月二十四日　月曜日

昨日は久し振りに電車に乗った。いや考えてみれば十日ほど前、皮膚科に行くのに特急に乗ったのだった。忘れていたよ。

昼間ということも手伝って電車は空いていた。ともあれ座れると嬉しい。まださほど老いてはいないと思いたいけれど、何だかやたらに座りたいのである。すぐ座りたくなるから、余計に体幹が弱くなるのかな。

随分前から、電車の中ははっきりと様変わりをしている。何と言っても若い人が揃って背が高くなって、スタイルのいいこと。ほんとに外国に行ったような気がする。

洋服というものは、ヨーロッパからこちらに伝わってきたものだから、どうしても足が長い人が着た姿が様になる。だから胴長短足のバアサンに、似合うものではなかったと、とうに自覚はしている。

ベビーカーに乗った赤ちゃんが席の近くに来た。んー、可愛い！　皮膚の柔らかなピンク。赤ちゃんの瞳って、どうしてこんなにきれいなのかしら。

夢中になって眺めると、ママさんがにっこりする。赤ちゃんも手を差し伸べてくれる。でも昨今のコロナの流行下では、うかつに触ったりできない。喃語《なんご》のやり取りのみにする。

次の駅で降りて行く赤ちゃんにバイバイをして、生涯をどうか幸せにと秘かに祈る。

あちらのあの方、きれいに着こなして素敵だこと。着こなしも立ち姿も知性がものを言う。私はただぼんやりと時を過ごしてしまったな。

五月二十五日　火曜日

昨日少し頑張りすぎたのか、今朝は横になってぼんやりしている。元気が出ないのである。しっかりしないと、今日も無駄な時間ばかりが多くなる。

仕方がないからドクダミの花を短く切って、小さな陶器の花瓶に活けてみた。ドクダミなんて、と言う人がいるのは知っているけれど、一度活けてみるといいと思う。

小さくて白い十字形の花は、何とも清楚《せいそ》で可憐《かれん》なのに気が付くと思う。慎ましくて、でも自己をしっかりと持っている美しい花である。

午後、半世紀余り以前からお付き合いのある方から葉書が来た。今彼女は度重なる骨折の後、自宅での一人暮らしが不可能になって施設に入っている。

会いたいというとても切実な文面。達筆だった文字が少し弱々しくなってきている。

以前、彼女はリハビリ以外の時間の孤独を嘆いていた。所在なくテレビを見ているだけの時間は、どんなに辛いものだろうかと思う。

遠距離ではないのだからと思うけれど、行くのは辛いのである。会えばきっと涙をこぼされるだろうし。それに暑さもありコロナの問題もあり、さらにこちらの体力の問題もある。

何とも気掛かりで、それでも行くに行けない気分。こんなに否定的なことばかりを考えるのは、今、特に調子が悪いせいかも知れない。

五月三十一日　月曜日

もう何十年も続けている生協に、新卒のお嬢さんが入った。六月からは研修期間を終えて、彼女一人で配達に来てくれるらしい。初々《ういうい》しくて可愛い。

配達の仕事は、重い荷物を動かすし道路は危険に満ちているしで、なかなか大変な仕事だと思う。でもそのお蔭で年寄りの生活も支えられている。

車を走らせていると一番怖いのは、自転車に子供を乗せているママさん。これは他ならぬかつてのワタシの姿である。

いや自転車を走らせていなくても、二人くらい幼い子供を連れていると、否応なく神経は尖る。あちこち目を走らせながら素早く危険を察知して、子供の怪我を未然に防がなくてはならないのだから。必然的に目付はキツくなる。

それでも不意に訪れる魔の時間というものがある。大方の事故はその魔の時間が誘うのだろう。まだ幼稚園に入る前の子供たちを連れて、バス通りにいる時がそうだった。一人に気を取られている間に、もう一人が車道に踏み出していたのである。その時、脇を通り過ぎた車の、何とこわごわと過ぎて行ったことか。今思い出しても運転手さんには本当に感謝である。

何年か前のこと、自転車で住宅地の路地を走っていた時、やはり二人の幼い子供を連れたママさんがいた。思い切り避けてゆっくりと走ったのだし、ママさんも十分に気を付けていたのだけれど、それでも幼い方に目を奪われた時、もう一人の子が道の真ん中に寄ってきた。

思わず避けて、ブロック塀で手の甲をこすって小さな怪我をした。途端に振り返ったママさんは、こちらをそれは怖い目で眺めた。神経を張り詰めていれば無理のないことである。

でも新人のあなたは、そんなことがあっても気を悪くしないでね。世の中には致し方のない誤解というものがある。その時の私にしてみれば、子供に傷を付けずに済んで本当にほっとしたのよ。

六月

六月六日　日曜日

本当に久し振りに、ちょっとした切っ掛けがあって、日本民芸館に行ってきた。幾つか大津絵が展示されていて、とても嬉しかった。

以前、東京ステーションギャラリーで開催された、大津絵展を見に行くことができなかったのである。ショップに栞《しおり》か何かがあったら、少し買って句会の人たちに持って行きたかった。でも今回は本当に残念だったよ。

でも見たいと思っていた木喰《もくじき》も、思い掛けなく沢山あってこれも嬉しかった。

イギリスの家庭でよく使われていたという、スリップウェアという厚手の陶器を初めて見たのだけれど、その絵皿一つで、かの地の食卓の有り様が感じ取れたところも面白かったと思う。

でもウチでは使いたくない。あの陶器の厚手と色彩は、テーブルに置くと異質が際だちそうな気がする。

面白さは思い掛けないところにもあって、廊下の端の、気を付けて目に留めなくては分からないようなところに、クズの繊維で織った壁紙が名残のように使われていた。最初の頃にこの建物で使われていたと書かれてあったな。

それにあまり大きくないからか、建物そのものが既に民芸品のような気がする。勿論、美術館としてのコンセプトが行き届いてもいる。

しっかりとした太い木材を使った柱に、黒光りした床。今はもうこんな木製の床などは、滅多に見ることができないのではないだろうか。

うちのも含めると、今の住宅はみな合板を使っていて、むしろその方が丈夫なのだそうである。でも厚みのある木製の板は、無意識の裡《うち》に与える安らぎが違う。不思議である。建築にもう少し知識があったらとは思うが、無知なままでも十分楽しい。

それから以前見た、柳宗悦宅の書斎の本棚。昔見慣れた懐かしい仏教書のシリーズや、今も私の手元にある、古くて分厚い「字源」があるのだ。見学可能なのは、限られた金曜日のみらしいのだけれど。

展示を見ていたら痛みが増してきた。こうなるとお手上げで、どうもこの二、三年、美術館へ行くのは、体力が許さなくなってきているようである。

帰宅してからも、疲労感が全身の痛みに加わって、何か今までとは違う、手出しのできないような感覚を伴った感じがあって、怖いと思った。初めてのことは未知だから怖いのだと思う。

とは言え帰宅後も、無理矢理頑張って食事を出したのだから、我ながら訳が分からないというのが正直なところである。

六月八日　火曜日

先週の木曜日からアルジが腹部を痛がっている。幾度、病院へ行くよう言っても腰を上げなかったのだが、痛みに耐えかねたらしくようやく行ってきた。

ドクター曰く、これを見間違える医者はいません、ということで、しっかりと帯状疱疹の診断を受けてきた。けれどこれは大層痛む病気なのだそうである。

それは昨日の話なのだけれど、朝食前は痛み止めが切れるのか、ひどく辛そうにしている。あんなに大きいのが七つもできていたら、よく我慢できるよ。服薬は食後というのを律儀に守っているし、そう遠くならないうちに治るとは思う。

食事の最中、痛みで椅子の背もたれにのけぞるアルジと、主に背の痛みが限界を超えそうなワタシが、テーブルに肘をついて身を支えている。どちらも情けない姿である。でも漫画みたいね。

六月十日　木曜日

帯状疱疹は相当に痛いらしい。そのせいで、今日でもう三日も家の中を掃除していない。

掃除機とモップを使うのは、もうワタシにはきつい仕事になっているのだ。埃では死なないのだからいいと思う。

彼がいなくなったら、どうやって過ごそうかと考える。

まだ具体的なことは何も思い付かない。幾ら介護保険を使用してみても、子供たちにしてみれば、住まいが離れているというのは、絶えざる心配の種になるはずである。いや、既になっている。

あちらの親たちが敷地内に居た時も、心配は尽きなかった。当時介護保険制度はまだまだ不十分だったし、あの世代は嫁が介護するのは当然と思っていた。

それはいつ始まっていつ終わるのか分からない介護が、目の前で待ち構えているということだった。こちらの人生の予定は立たなかったのである。

舅《しゅうと》、姑《しゅうとめ》の介護は、大きな重しだけれど、実の親の介護は、また別の複雑なややこしさが付きまとう。お互いに遠慮がないからである。

いわゆる「引き取り同居」をしたという話も聞いた。嫌な言葉である。

現在財産を分けて、子供たちの家を順番に回っている人もいるのだそうで、果たしてそれが快適だと思ってのことだったのだろうか。「リア王」の話が、そのまま現代にもあってびっくりしたのだけれど。

六月十六日　水曜日

具合の悪い一日になりそうである。けれども薬が切れたので、仕方なく病院まで行くことにする。

表参道は半年ぶりである。相変わらずの煌《きら》びやかさで、アルマーニをはじめ、世界中の一流ブランドのお店が軒を並べている。勿論、並んでいる建物はどれも、建築家が意匠を凝《こ》らしたおしゃれなものである。

けれども古色蒼然《こしょくそうぜん》とした服を、後生大事に着ている私にはあまりにも場違いである。何と言ってもお金がないのだから、この辺りはいつでも素通り。

でも、通りを行く人を眺めるのは好きなのだ。だいたいこの付近はどなたもセンスが良くて、見て楽しいのである。

病院で受付と、検査のための血液採取を済ませて、結果を待ちながら角を入ったところのスタバに入る。ここの二階は静かである。奥のソファは半年ぶりの私の定位置。早速、持参の本を開く。

向かいに座っているのは、ウチの息子より二つ三つは若そうな男性。大きなバッグから取り出したのは、何やら歴史物のペーパーバック。仕事の途中だろうに、こんなところにいていいのかしら。

その斜め横は大学生風の男子。若いね。よく伸びた手足をして筋肉が発達している。きっとスポーツをやっているのだろう。一生懸命に勉強している。とてもいい眺め。

斜め後ろは、若い女性。声を抑えながら、仕事の打ち合わせに余念がない様子。私が仕事をしたら、こんなふうに気遣いをする、きっちりとした仕事ができるのだろうか。

フロアにいる人たちは、誰もが場をわきまえて、静かに自分の仕事に没頭している。この静かさと、若い人たちの少しおしゃれな雰囲気が、久し振りの私の楽しみなのだ。

午後も遅くなって検査の結果を聞いた後、とても疲れていた私は、このまま家に向かうのはちょっと辛いと思った。もう一度スタバに寄って、ココアでも飲んでいこう。

と思った瞬間、診療代を払い、薬を受け取るのをすっかり忘れてしまった。

家の最寄り駅からバスに乗って、ようやく気付いたのだけれど時既に遅し。大失敗である。翌日出直さなくてはならない。あーあ……。

六月二十二日　火曜日

アルジが物事に取りかかるのに、何となく時間が掛かるようになったと言う。何故か取りかかれないのだそうで、当面の悩みは庭の雑草である。

この家に越した十年余り前には、道具を色々買い込んで頑張っていたのに、今は除草剤を撒《ま》くのにもなかなか腰が上がらないのだそうである。十年の時が連れてくる変化は大きい。

今では介護をはじめ、かつて家庭内で済まされていた諸々の機能が、社会のあちこちで代用されるようになっている。

保育園の充実や労働条件の変化も、外食やコンビニの充実も。そしてアパレル産業もその一つ。私が子供の頃、家族の衣服は家庭で縫っていたもの。

家庭の仕事の外注が普通になったお蔭で、女性は社会に進出できたのだけれど、新たな苦労も伴うようになったようである。

煩《わずら》わしい家制度は崩壊しているけれど、近隣関係が希薄になっている今、核家族の子育てはとてもきつい。何よりそのしわ寄せは幼い子供に掛かって、彼等の生涯に深い影響を及ぼす。とても大きな問題なのである。

男性の意識改革は緒についたといったところだし、女性も稼ぎがないと結婚は難しいようである。そうなってから離婚も増えたらしい。物事はいつも数珠《じゅず》つなぎになっている。

親が老いて子供世代の世話になるのは、多分人間だけだろう。

そうか。衣食が足りて言葉が使えれば、ものを考える余裕も出るというものだ。呆けるということも含めて老いた姿は、人間の有り様を考える、よすがの一つにはなっているとは思う。

でも、親が子を思うほどには、子供は親を見てはいないと聞いた覚えがある。そうかな。それって親の不満の表明と違うのかな。

動物はみんな、親も子もそれまでの情など存在しなかったかのように、あっけなく別れていく。自然界は厳しいのだ。

いや人間だって諸々あって厳しいには違いない。だから老いたからと言って、子供に頼って生きていこうなどという考えは、甘いのだと知ろう。親だって子供の心情を十分に理解などできないのだ。他者に共感をするのは難しい。心して訓練をしなければならないということか。

老人の中には重なるストレスを、巧妙に傍の者のせいにする。そんな姿も見た覚えがあるのよ。老いるということは、究極の孤独を覚悟しなくてはならない作業なのである。友人の親戚の一人が、余命を告げられて一旦自宅に帰り、全てを片付けてから亡くなったと聞いた。がらんとした室内に残されていたのは箪笥《たんす》一棹《さお》。各段に宛名があって、形見の品が残されていたという。見事なお手本である。

七月三日　土曜日

朝飯が終わってソファに倒れ込むと、全身から痛みが沈んで下方に抜けていく。そう言えば子供たちが幼稚園に通っていた頃もこんなふうだった。

最近、なかなか名詞が出てこない。アルジの後をそのまま、遅れて付いていっている感じである。

彼がうまく表現できない時など、読書の邪魔をされた私は、それ、思い出してからまとめて言って、とつれないのだけれど、そんなことをしてはいけないのだと思う、本当は。

私はいつでも天使と悪魔の間を無意識に、いとも簡単に行き来をしているのである。

七月九日　金曜日

娘たちの家に車を走らせたのは昨日。助手席にいると暇なので、こんな時は景色を眺めて楽しむことにしている。アルジも八十歳になったので、いつまで運転できるのか分からない。

多摩川に掛かる橋を渡って、沿線道路を羽田方面に向かう。

小雨の降る中、広い空には濃淡の真珠色の雲が掛かり、防水堤の土手は柔らかな雑草が戦《そよ》いでいる。

水量は思ったほどもなくて、茶色に濁った水がいつもより少し多めなくらい。雨のせいか、普段川面に浮かんでいるコサギの姿も、ウと覚しき黒い鳥もほとんどいない。ツバメも飛んでいない。

特に河口はアユの遡上《そじょう》もあって、この川にも生きものたちの豊かな生態系があるのだ。たまには水辺まで下りてみたいと思いながら、いつも横目で見ている。思うばかりで行動しないね。

護岸の川崎よりの道路は、コンビニや学校、小田急のバスターミナル、それから動物のための救急救命センター、工場と広い等々力公園、まだまだ。多摩川の小石は川砂として良い建材になるので、通りには砂利を採取する業者の工場が幾つか。

晴れていれば堤防の上は犬の散歩をしている人や、マラソンをしている若い人、自転車のお年寄りもいて平和な光景。

ホームレスの人たちの、ブルーシートを被せた小屋はいつの間にかなくなった。私は一度でいいので、ホームレスをやってみたいと思っている。友人の誰かは、肉体的苦痛が酷いから嫌よと言っていたけれど。

でも目の位置が変わると、色々違って見えて面白いのではないかしら。あ、この辺りでは毎年花火大会があったはず。今年はどうかしらん。

二子玉川の駅に近づくと、高層マンションが幾つか建って空を塞いでいる。私はこれがあまり好きではないので、勝手にビルをないものと決めている。

駅の手前で橋を渡って川の反対側へ。今度は左手に小住宅が並んでいる。老人ホームもあって、いつであったかとても素敵なおばあ様が、窓際で本を開いていらした。またお見掛けしないかなと目で探す。

ここにも河原に子供たちの野球のグラウンドや、サッカー場などがある。台風で大きな出水があった時、多摩川の岸辺には、あちこちで流木とゴミが引っ掛かって乾いていた。

やがて多摩川台公園と言うのか、古墳のある公園を下から眺めて環八に入る。この辺りは道路の両側に小規模な住宅が多い。

たまさか三味線の修理をするお店があったりするのだけれど、この時節では経営は厳しいだろうな。そうでなくとも人は伝統芸能に、あまり興味を示さなくなってしまっている。

それから今はあまり見なくなった材木屋や荒物屋。下町の雰囲気もいいものだと思う。しばらく走る。

目的のマンションに着いて、エントランスで部屋の番号をプッシュしたら、突然、おちび怪獣の猛烈な咆哮《ほうこう》に度肝《どぎも》を抜《ぬ》く。夕飯はパパの肝いりの餃子。

七月十一日　日曜日

友人宅を訪ねて、帰りはいつものように私鉄。乗り換え駅から、ちょうど到着した区間急行に乗る。空いていて具合がいい。少し先でまた乗り換えだな。

座席の斜向かいに、六十代半ばくらいであろうか、清楚な女性が座っていた。白い小花を散らした黒地のワンピースに、とても小さな紅いイヤリング。何かの本に集中している。

先ほど別れた友人に、雰囲気がとても似ているのである。それも知り合った二十五、六年前の。

友人は自分を決してそんなふうに思っていないのだけれど、本当は相当な読書家。積み重ねてきた思考と感性、直感力は相当のものがある。

いつの間にか四半世紀余りが経っていた。楽しかった時間が走馬燈のように流れ、私も知らぬ間に歳を重ねてしまった。今、彼女の病気は決して軽くはない。過去の楽しさは戻らないのだ。失うとはこういうことだったのか。

過ぎた時間と、先ほどまで目の前にいた方に出会うことはもうない。

七月十三日　火曜日

日によっては本が読めない。数行読むと疲れて、じきに本を置くのは毎度のことなのだが、今日は文字がやっと読めるかどうかで、書かれていることの意味が取れないのだ。

理解が及ばないのは元気が不足している証拠で、何と言っても痛みが邪魔をしている。ややもするとその日を諦めることになりかねない。

もしも健康であったなら、できたことは沢山あったかも知れないのである。もっと沢山の本を読み、理解力ももう少し余計にあったと思う。音楽を聴き、絵も描いたかも知れない。何かの仕事もできたかも知れないと思う。

若い時からしたいことが沢山あって、目の前に人参が何本かぶら下がっている、馬みたいな性格だから、よほどでなければ痛みを無視して小走りをしていた。いや、最近どうも、人参の数が減っているような気がしているのだけれど。

でもできる範囲で最善を尽くす他はないのだ。自分で描いた餅の絵を眺めて、不機嫌になっている暇はないと思おう。心許ないけれどね。

七月十六日　金曜日

夕方、遅くなってスーパーに買い物に行った。外へ出たら、まだ見たことのない空の色に出会った。

柔らかな水色で少しミルクの色が入っていて、これも柔らかな雲が浮かんでいた。初めて見る、あまりに繊細な美しい空の色。

十分ほど歩いて家に帰り着いたのだけれど、早くも水色はほんのわずかに青が濃くなっていた。強い赤が西の空に拡がって、明日の天気を予告していた。

七月二十二日　木曜日

昨日は終日、よく分からない不調にぼんやりと過ごしてしまった。後から考えればコロナワクチンの二回目の副反応だったと思う。

毎回の不調を単に意志薄弱なのか、どうしようもなく不調なのか、我ながら馬鹿みたいだと思いながら、判断がなかなか付かない。

今回も多分後者だったのだろう。強いて仕事に掛かろうとしても続かずに、ふらふらとあちこちに気を取られてしまうのは、私の場合、その何よりの証拠なのだ。本当はいつでもなかなか大変なのである。

友人の一人は、認知症のお姑さんを看取ってから、お椀《わん》を伏せたような大きさのアレルギーの症状が身体中に出た。

アレルギーは一度、夜中に気管を塞ぎそうになったそうで、本当に危なかったと医師に言われたという。彼女は全身のあまりの痒《かゆ》さに、何度も死にたいと思ったそうである。痒みも痛みと同じで、ひどく辛いものなのだ。

昔、ボランティアをしていたホスピスで患者さんは二度死ぬのですよ、と教わったことがあった。

ホスピスは癌患者が苦痛のない、穏やかな死を迎えるという希望に、できるだけ添うための施設である。

そこではもう治療はされない。けれどもモルヒネ等によって痛みが軽減すると、患者は治癒したと勘違いをしてしまう。これは避けるのが難しい、強い喜びの感情であると思う。

けれども病は否応なく進行し、当時、死の数日前には鎮痛剤が効かなくなる時が来ていた。

患者はホスピスに辿り着くまでに、職を失う等を含む様々な苦痛、何より生を諦めるという絶望を、一度は受け容れざるを得なかった。それが鎮痛剤の効果によって、再び生きる希望を持ってしまうのである。

その時、生の輝きはどうしようもなく増していたはずであった。再びの絶望の深さを、私は想像することがまだできない。

七月二十七日　火曜日

ペチュニアの花が沢山咲いてくれている。嬉しい。濃いピンクの花は鉢から溢れそうで、他には濃淡の紫。紫は本当に濃くて、額田王が歌っていたあの紫草の色はこんなではないだろうか、と思ったりする。

困ったことに最近は本当に調子が悪いらしい。本人にもよく分からないのだけれど、身体の中にこれもよく分からない痛みが充満していて、まるで水の中にでもいるように行動を抑制してくる。

よって一日のほとんどを無駄に過ごしてしまうのだ。悔しいと思う元気もあまりないのだけれど、家族の者にこんな痛みや障りがないのが、何よりの救いである。

八月

八月一日　日曜日

いつものように友人宅。今日の彼女は投薬のせいで覇気《はき》がなく、話が理解できない様子である。持参したミントのチョコレートが、自身の好物であることが思い出せない。

そんな彼女の横で、夫君は微笑んで顔を眺めている。

痩《や》せて小さく、本当に弱々しくなった彼女を、優しさと愛情の籠《こ》もった眼差しである。これほど深い美しい愛情の籠もった眼差しはないのでは、と思う。

その姿を見ていると仁王立ちになった弁慶が思われて、秘かに武蔵坊とあだ名を付けた。よそのご主人に、どうかなとは思うけれど。

お宅に通うお手伝いさんはもう四年目だそうだけれど、このお宅ほど人を見下さない、気持ちのいいお宅はないと言っている。この家に来るヘルパーさんは何人もいるけれど、みんな活き活きとして笑顔である。

八月六日　金曜日
二日続けて朝の味噌汁が作れなかった。頑張っているつもりなのだけれど、痛みに耐えられずに横になってしまったから。

だんだん出来合いの副菜が増えていく。午後は家事の時間なのだけれど、できることが少なくなってきている。

アルジも同様で、何かしようと言う時は二人とも口先だけはよく働く。そして動かない。何だか少しずつ緩い坂道を下っているような気がする。

何故かドビュッシーの「映像」のワンフレーズが、どこかで繰り返し鳴っているような気がする。何故ドビュッシーなのかも分からない。

八月十六日　月曜日
夏休みも半ばを過ぎて、ようやく娘の一家がやって来た。孫たちは五年生と一年生。小さな身体に大きなリュックを背負って、中味はパジャマとおもちゃ、学習帳に楽譜、きらきらのアクセサリーと、随分荷物の多いことである。

リビングに入るなり、二人ともリュックを逆さにして大きな声で笑い転げる。

彼等はマンション住まいなので、普段、大きな物音や大声は禁物なのである。ここへ来るとよほどのことがない限り叱られないので、彼等は気分良くストレス発散ができるのだ。

私が子供たちを育てていた頃に比べて、社会は大きく変化をした。

新たな電子機器が、誰でも手に入れられる時代になって、世界が激変した。家庭のあり方も人の感覚も、そして辺りの景色も変わってしまっている。もう少ししたら年長の友人たちのように、私もそれを寂しむのかも知れない。

彼等が幼い頃は抱き上げてはあやし、ベビーカーに乗せて散歩に連れ出した。少し大きくなってからは公園での遊びにも付き合った。

それは幼い孫たちと、時間と体験を共有する掛け替えのない時間で、だからこそ孫は小さいうちが一番なのかも知れないと思う。

彼等と感覚の世界が異になる時はとっくに始まっている。予定がいっぱいの二人はどんどん新たな興味に引かれて、そちらで活き活きと成長をしていくのだろう。

八月十八日　水曜日

朝は、できれば早く起きたい方である。

居間のカーテンを開け、まずドリンク剤の瓶を一本開ける。GI値を考えると良くないと思うのだけれど、これを飲まないと元気が出ない。

ついで目薬を三本さして庭に出る。涼しいうちに雑草を取るのである。雑草はどれも大層元気なので、放置するといずれは身の丈に近くなるかも。

雨上がりは勿論だけれど、彼等を根ごと抜くのは小さいうちならそう難しくないのだ。抜いたものはその辺に放り投げておくという、感心しないことをするのだけれど、一日が終わる頃には干《ひ》からびて、少し離れると土と見分けがつかなくなる。

土の匂いがする。土から出たばかりの小さな繊《ほそ》い根は白く銀色に光って、微かに赤を含んで光っている。糸のように柔らかで、根元には小さくて柔らかな葉が付いている。

目の前を何かの地虫が慌ててよぎる。昨夜の雨でペチュニアはほぼ全滅。季節の盛りは過ぎたけれどまだ咲くかな。

雑草の間には野のスミレのそれは小さな株。このスミレはそのうち元気な大株になって、うちの庭は「桜の園」ならぬ「菫の園」になるかもね。アルジは嫌がると思うけれど。

ものの三十分余りで日が高くなり、気温も上がってきた。家に入って昨日出汁を取った豚の脂身を庭石の上に置く。誰が食べに来るかな。

八月二十六日　木曜日

ショパンとバッハばかり聞いていたら、少々疲れた。これで私は如何に適当にできているのかがよく分かるね。

でもやはりここはショパンの「葬送」。かの有名なテーマが出てくるのは第三楽章である。けれども第四楽章は、クラシック音楽をさほど好きでない人には、あまり知られていないかも知れない。

三連符のユニゾンで、ものすごい速さで引かれるこの曲を、実際に弾くのはなかなか難しい。テクニックだけなら、機械的な練習を重ねさえすれば、誰だって弾けるはずだけれど、意志の弱い私には到底無理である。

ショパンはこの曲を、単に指のお喋《しゃべ》りとだけ言っているそうであるけれど、本当のところはどうなのだろうか。

解釈は人によって色々のようで、誰かがこの終楽章に狂気を感じると書いていた。幾つかの演奏で聴いてみたけれど、ホロビッツを含めて狂気と捉える人は多いのかも知れない。彼のは恐ろしい演奏。

偉い方々を措《お》いてとは思うが、無意味がこの曲のテーマではないだろうかという気がする。どうなのかしらん。

人はどんな時にも、自らの存在の意味を追求したい動物なのだ。賽《さい》の河原の話や、神を欺いたというシーシュポスの話も、テーマはそれかも知れない。意味のない仕事を続けると、人は狂気に陥るのだ。そんな拷問があったと聞いたよ。

無意味や狂気、そして死についても、深くそれらに思いを致さなかったら、演奏してみても深い音は出ないのだ。芸術は極限まで突き詰めないと、作品としては浅いものになりがちだもの。演奏はそれ自体一つの作品なのである。

そして悪を深く知ることも必要になる。

ゴヤは鋭い観察と想像力で、凄《すさ》まじい絵を幾つも描いている。あのエッチングによる「戦争の惨禍《さんか》」もその一つ。人間の持つ極限の恐ろしさとグロテスクの連続。画家は自分の感性で随分苦しんだのではなかろうか。

「葬送」の最終楽章を、若い辻井伸行やアレクセイ・ゴルラッチならどう弾くのだろうか。ここは是非、演奏会に足を運びたいところである。

九月

九月一日　水曜日

昨日のきつい残暑が嘘のようで、季節が一つすっ飛んだような冷たい雨が降っている。

読書には疲れた。ここしばらくは絵を描く集中力も乏しい。こんな時は少し無理にでも働くに限るとは思う。何と言っても達成感を得るものね。

相変わらず具合が悪い。強すぎる痛みに支配されているのだ。今日ばかりはよく生きているよ、と思う、意外にしぶといのだ、きっと。

それにしてもアルジが、長年よく我慢をしてくれたものだと思う。けれどこんな述懐は彼には内緒である。すぐに調子に乗るからね。

九月四日　土曜日

相変わらずだらだらと暮らしている私にとって、自らの知力の低下はできれば考えたくない、でも可能性が十分にある問題なのである。

年寄りの生活になにがしかの、いや大きな責任を持たざるを得ない親族にとって、相手の衰えはそのまま彼等の生活を大きく変えてしまうのだ。アルジの親の敷地内に住んでいた私としては、まさに経験者は語るなのである。

今自分が老人の部類に入ってみれば、私自身の自立の心許なさよ。自立には様々な知識とテクニックが必要なのだが、分かっていてもそこまで手が届かない。これでは既に周りにとって、迷惑な存在になってしまっている。

おまけに先日は育児に忙殺されている娘に、この先どうしようと泣き言を言ってしまった。ばかばか。言われた方の困惑を考えていないよ。

最終的には施設のお世話になる他ない、とは思ってはいるが、あのビジネスホテルのような、極小の部屋では息ができない。せめて二部屋は欲しい。

そんなうまい具合に行くだろうか。いや、身体が不自由になって、部屋二つを使えるのだろうか。そして日々の時間割に、順応していけるのだろうか。

以前、たった一度だけれど、見学した施設は掃除が行き届いていて、職員の方はとても穏やかで優しかった。壁には入所者を楽しませるための、複数の催しが貼られていた。けれどもその施設で、遠くから見た老人たちは一様に下を向き、言葉を失っているかのように見えた。

不自由な身体でともすれば痛みや不快を抱え、この先どんな希望も持ちえない。存在をするだけであっても人の助けを必要とする暮らしに、人は無感覚になる以外のどんな対処ができるというのだろうか。

九月九日　木曜日

予報と違って雨になった。私は昔から雨の音を聴くのが好きである。白雨に近い強い雨は勿論、小糠雨《こぬかあめ》のように繊《ほそ》い雨であっても耳をそばだてたくなる。

今日は割合にしっかりと降って、さわさわと気持ちの良い音がする。

九月十三日　月曜日

昔、心理学の先生が、「君ら、一日に一つでいいから、美しいものを見なさい」と仰ったことが記憶に残っている。

今日私が見た美しいもの。玄関に巣を張っていたクモ。

黄緑に透きとおるペリドットという宝石のような色の、足を入れても全長三センチくらいのクモが、玄関の上の方に巣を張っていた。

虫のことを何も知らないのだけれど、どうやら足長蜘蛛の仲間らしい。それにしても巣の場所がこちらの都合に合わないよ。

このクモだって沢山の危険からどうにか身を守って、ここまで大きくなったのだろう。野生の世界は本当に厳しい。常に飢餓と危険が隣り合わせなのだもの。粗雑なことをして傷を付けたくなかったので、箒《ほうき》を持ち出して巣の上からそっと絡める。ごめんね、びっくりしたかな……。

巣には脱皮をした跡があって、一回り小さな、半透明のクモの抜け殻が引っ掛かっている。本当に繊細で華奢《きゃしゃ》。何てきれいなのだろう。

クモは人に嫌われている。顔つきが獰猛《どうもう》だし、残酷な餌の摂り方をするからだそうである。かと思えば、人は彼等を益虫だとも言う。彼等に言わせれば人間の方がよほど残酷かも知れないのに。ほんとに人間は勝手だよ。

クモを絡めた巣ごと、そっと家の北側の植木の中に下ろした。元気でいてね、と声を掛けたけれど、彼だか彼女、私の言ったことが分かってくれたかな。

九月十四日　火曜日

とにかく調子が悪いのである。頭がぼんやりとして身体中が痛い。珍しくはないのだけれど、十段階の八か九くらいにはなりそうである。

よく気が変にならないものと、自分でも感心するのよ。アルジがどこそこのスーパーでキャベツがとても安いという。彼はキャベツが好きなのである。でも今日はキャベツと付き合う元気はとてもないのよね。

九月十六日　木曜日

庭の塀の際にヒガンバナが一つ咲いた。今朝の起き抜けに出会った、とても嬉しいこと。サンダルを履いて蕾を勘定してみたら、十七個もあったからしばらく楽しめそう。

彼岸花はリコリスなんておしゃれな名前も持っている。金色といわれる黄色や、清らかな白、優しいピンクなどもあるそうだけれど、うちのは定番の赤。

いつの間にそこに生えることにしたのか、とんと分からないのだけれど、株の生長はとても早くて、気が付けば一日で二十センチほども茎を伸ばしている。全くの捨て育ちなのに、健気に律《りち》儀《ぎ》に毎年顔を出してくれている。

ヒガンバナはエンジェルトランペットと共に、仏教では天上の美花《びか》とされている。それなのにどちらも有毒植物だというのが、何だか意味深である。どちらもけったいな花という感想は、この辺りからも来ているのかも知れない。

けれどもよく見れば、ヒガンバナは本当に美しい花だったのである。名前のお蔭でせっかくウチの庭に咲いていたものを、ちゃんと見ることもしなかった。

先入観に囚われないのは、とても大事なことだったはずなのに、ばかばか。

九月十九日　日曜日

今朝はリヒテルの演奏で「平均律ピアノ曲集」。

ベートーベンの、どうかすると少しばかり強い音楽とも、ショパンの激情とも離れた、ひたすらに美しいバッハの音楽。ボードレールの描いた、あのとてつもなく恐ろしい美とは、遠くかけ離れている。

リヒテルのピアノの絶妙で繊細な美しさ。音もまた、色彩と同じくその人を表してはいないだろうか。

人はその裡に悪も善も混在してもつ存在。どちらが強いか多いのかで、その人自身が決定されるのだろうけれど、彼の演奏は音が天上に高く上がっていくのである。

でもバッハばかり聴いていたら、不意に「カルミナ・ブラーナ」を聴いてみたくなった。人間の意識なんてホントに不思議なものだと思ったよ。

九月二十一日　火曜日

連休は全員集合であった。いつもと同じ、無上に楽しい一晩である。

いつも痛みを押して頑張っている私は、最近歳のせいもあってか、台所仕事がややおっくうである。そこで娘という強力な助っ人が来て、料理をしてくれるのを大いに当てにしているのだ。

それが今回は当てが外れた。

彼女はひどい肩こりで動くのも辛そうにしている。そろそろ反抗期の予兆を見せている上の子と、それに振り回されてフラストレーションを起こすおちびの間を、常に取り持っている彼女はそれでなくとも疲れている。

よく若い人に働いてもらえばいいのよ、と簡単に言う人が居るけれど、若くても毎日の生活に手一杯なのだ。年寄りだからといって、安閑としていてはいけないはずである。

だからここはグッと我慢をして、彼女の肩に鎮痛消炎剤を塗る。

それでも二日目になると、娘もワタシも限界に近くなってくる。男性群は三人いるけれど大して役に立たない。

あまり買いたくはないと思っても、背に腹は替えられないのである。ここはファミレスの弁当を買うことにした。レストランへ行くという手もあるけれど、息子が買ってきた花火を、さっきから楽しみにうずうずしている二人が居る。

持ち帰りの弁当は、ハンバーグとステーキがメインであった。栄養的には大きな偏りがあるのは分かっていたけれど、目の前にそれを見ると、やはりあまり嬉しくはない。娘がサラダでも出そうか、といったけれど、痛みがひどかった私は冷蔵庫の中味に思いが至らなかった。

今朝、朝食の支度をしていて、みんなに食べさせたかったスプラウトとトマトが、しっかり残っているのに気が付いた。ほとんど空だと思っていた冷蔵庫だったけれど、冷凍の茹《ゆ》で豆を加えればちゃんと一品になったよ、と今頃になって後悔しきりなのである。

十月

十月四日　月曜日

抜群の秋晴れである。お向かいの屋根の上には、職人さんが乗って瓦の修理をしている。静かな住宅街のどこかで、大工さんが振るう槌《つち》の音が響いている。

起きた時はいつもの体調だった。勿論良かったわけではなく、しばらくすると背の痛みが増して耐えられなくなってきた。

仕方がないから仕事を中断して床の上に横になる。背中を真っ直ぐにしたら、少しは楽になるかと思ったのだけれどさしたることはない。

仕方がないからソファの腕掛けや、長座布団の丸めた上に脚を乗せてみる。うん、少し楽かな。けれどパソコンデスクに戻っても痛みは去らない。何もできないのである。

昔はこんな時一時間ほどかけて、ヨガをやってみたこともあったっけ。お蔭で痛みが軽くなったけれど、三十分もするとちゃんと元の痛みに戻ったのよ……。

そうだ、指圧器があった。早速それを試す。これは幾分なりと効果があるはず……。

結局、それだけではどうにもならなかったので、足つぼ指圧器や背筋を伸ばす用具など、あれこれ試して随分時間が経った。

結局、幾らか楽にはなった。本当にやれやれである。

十月五日　火曜日

朝、室内の空気を入れ換えようとして、レースのカーテンを引いたら、目の前のシソの実を食べに来ていたスズメたちが、一斉に飛び立った。

毎年彼等のために、アオジソを枯れ果てるまで残している。考えてみればもう季節で、彼等は実を啄《ついば》みに来ているのだった。明日からは小さなものたちを驚かさないようにしなくては。

傷んだミカンなどは庭木の枝に刺しておくのだけれど、今はその辺の林も実りの秋である。ドングリやら何やら小鳥たちにしてみれば、食べ慣れたものの方がよほど口に合うのか、一向に訪れては来ない。人間が置くものは、彼等にとってはあくまでも非常食のようである。

今日は二ヶ月ぶりの定例句会。最高点は破調《はちょう》の句。

柿が落ち柿がおち小さな柿の音がころがる　　上田睦子

何と素敵な！　彼女の言語感覚の鋭さは、こんな不意の形で出るのだ、と句座のみんなに絶賛された。

久し振りに句会ができて、本当に良かった。次回は十二月。このまま無事で会が持てるととてもいいのだけれど、とは誰も口にしない。

十月十五日　金曜日

土曜日の夕刊の惜別蘭に、少し前に亡くなった笑福亭仁鶴さんが大きく載っていた。彼は落語界の重鎮だった。人気番組であったＮＨＫの、「生活笑百科」の司会の声は耳に残っている。日本中の人に愛された方である。

彼の生家は鉄工所であった。黒い油まみれになって働く両親の元で育ち、リヤカーで引き売りをすることで、生計を立てようとしたそうである。

恥ずかしいことに、私は寄席に行ったことがほとんどない。落語を決して嫌いなわけではないのに。

けれどもあの、「四角い仁鶴が、まぁるくおさめまっせ」の声ばかりはしっかりと耳に残っている。

彼はたゆまぬ努力を続けた人であった。その結果、深く優しい人柄になったのだと思う。声を聞いているだけで、色々なことが分かるものである。

亡くなる二日前の、生きるの、飽きたんや、という言葉に、私は彼の生涯を貫いた見えない苦闘を深く思う。

十月二十七日　水曜日

目がかなり痛む。

昨日行ったら、眼科は待合室に入りきれないほど混んでいた。

私も含めてなのだけれど、電車ではみんなスマホを見詰めているから、いずれは眼科が混雑するとは予想していたのだ。

けれど今日はその先駆けの現象かな。もっと駅の近くに何軒もあるのに。

三時間半近く待って診察。ようやく外に出る。ひどく疲れたので、帰るのにいささか不安を覚える。まだ買い物を少し。それから薬局に寄らなくては。

迎えに来てもらおうか……いや頑張れるかな。家からバス停は近いのだが、降りてから五分あまりの距離がちょっと……。

限界に近くなると背が曲がる。脚も曲がって姿勢が悪くなる。

無理矢理家に到着はしたけれど、まだ食事の支度が残っている。後片付けも。結局有り合わせと調理済みの食品で夕食を済ませた。やれやれ。

手伝うよ、とアルジは言ってくれたけれど、手伝うのかい、と突っ込みを入れたいのを我慢する。意識は変えられないと分かっているし、無用ないちゃもんは付けても仕方がない。何と言っても食事の担当は私なのだ。

頑張るのは毎日毎時なので慣れている。でもその頑張りが昨日は少々危なかった。もし外にいる時だったら、と思うとうかつなままではいられないと思う。

いつの間にこんなふうになってしまったのだろう。まだ七十歳を幾つか過ぎたところなのに。今日の痛みは昨日の余波かな。

加齢とはものすごく残酷なこと。自分と、親しい者たちが不可逆的に壊れていくのだもの。自身にとって住んでいた世界が消失していくという現実。

昨日できていたことが今日はできなくなる、とどこかの誰かが言っていたけれど、こういうことだったのかも知れない。

既に人生は最終章。この世にさようならをする時、単身で見ず知らずのところに行くというのに、身を守るためのものは何一つ持って行けない。

家族や友人たちと別れ、どんなに懐かしくとも、家に帰ってその肩に手を触れることはできなくなる。捨てがたいと思っている愛着の品も、すぐに四散《しさん》するだろう。その厳然たる事実。

人は誰でも大きな生ゴミになっていくのだ。この自明もいざ我が身に起きるとなると、うろたえざるを得ない。対処のしようのない悲惨を、まさに我が事としてくれる人など、この事実の前には存在しないと知る他はない。

この後にできることと言えば、死んでゆく様子を見せることとくらいだろうか。

それはいいアイデアかも知れなかった。若さこそが人生の一番輝く時なんて、幻想に過ぎないと実感することができるかも知れないのだから。

十月三十一日　日曜日

金曜日に、続く痛みの酷さに整形外科で太い注射をしてもらった。いつもなら三日くらいは保つのに、幾らか楽だと思ったのは昨日ばかりで、今日はもういつもの強い痛みに戻っている。やれやれ……。

テレビで毎日大さじ一杯の酢をとりましょうと宣伝をしている。酢は大さじ一杯が一日の適量であるということなのだろう。酢もとりすぎると貧血を起こすなどの副作用があるのだ。そんなの、昔の教科書に書いてあったたったかしらん……。

ともあれ一つの食品を摂りすぎると、病気を引き起こすというのは常識なのだ。

塩や砂糖などを例にして考えれば、誰でもすぐに分かることなのだけれど、その適量はあまり知られていない。ちなみにスマホを開けば、砂糖は一日あたりスティックシュガー八本分ですよ、と教えてはくれる。でも。

医師に何かを摂りすぎないように、という注意を受けた覚えがあったけれど、さてどのくらいを、となると指示する方も至難だと思う。砂糖であればそれを、目に見える形でばかりとるというわけでは勿論ないからだ。

先日、ドラッグストアで幼い男の子と母親が、カップラーメンを嬉しそうに選んでいるのを見た。

それが悪いと言うつもりなどないけれど、食は命そのものに深く係わってくる。食べたもので人の身体は作られていくのだから、家庭でも学校でも折に触れて、基礎的な栄養摂取の知識を教えておかなくてはならないはず。一人の人の、一生の幸不幸を左右する大事なことだ。

カップ麺にお湯を注ぎながらでもいいので、それだけでは不足する栄養について考えて欲しい。温かな雰囲気で、一日に何がどれほど必要かを子供と話し合って欲しい。できれば、その食べ物の成り立ちも。

テレビのコマーシャルの時に、料理法ばかりではなく摂取量等々、豆知識も足してくれないかな。

十一月

十一月五日　金曜日

この日、夕飯は外で。たまに行くファミレスなのだけれど、ここは食材に多少なりとも気を遣っているのが嬉しい。

ジュースなどでも、水で薄めて砂糖などを加えていたりはしていない。ファミレスの中には色つき水みたいなのを置くところもあるのだ。そんなところは出された料理に、丁寧さや工夫が感じられなかったりする。

広い店内はカトラリーの音や、楽しげな会話、メニューを選ぶ子供の声、そして何かの音楽。どうかすると無言でケータイに目を奪われて、幼い子供の存在を忘れている夫婦も。いいのかい、それで！　と突っ込みを入れたくなるのだが。

案内されたのは角の席であった。目の前の交差点を幾台もの車が、まるで滑るように行き交う。さほど大勢ではないけれど、帰宅途中の人たちがそこを渡ってこちらに来る。みんな疲れていて、家路をさしてただ歩いているだけに見える。時折救急車がけたたましく走り去る。

いつの間にか高層マンションが林立して、空のほとんどを塞いでしまった。たまに思うのだけれど、空を眺める権利ってないのかしら。とっても目障りだと思う時があるのだけれどね。

スマートな車の光は流線型を描き、まるで終わりのないフーガのようだった。ぼんやりと外を眺めながら、少しの間、半分非日常の世界に足を踏み入れていた。

十一月九日　火曜日

頭が痛い。いや身体中痛いのだが、特に頭が痛い。頑張らなくては、と何度も思うがなかなか頑張れない。

今日は考え事に不向きらしい。文章は書いてみたけれどまとまった形にならない。駄目じゃ、消しちまえ！

十一月十六日　火曜日

人間は老いたり弱ったりした時、初めて見えてくるものがあるとは、随分前に聞いた話である。言い方を変えれば、我が事となって初めて深く知るということなのだろうか。やれやれ、想像力の問題かい。

昔、お向かいにいらしたお年寄りが、夕方になると寂しいと言うのを時々聞いた。その時深くは理解できなかったけれど、聞いた言葉は記憶に残っている。数十年経って、自分があの方の年齢になっている。

たまに子供たちの夢を見ると、以前住んでいた家に小学生の彼等が笑っている。そう考えるとやはり若い頃が一番良かったのかも知れないと思う。今日もふらふらしている。でも少しだけ頑張り屋の末席を汚しているワタシは今、愚痴みたいな取り留めのないことを書いている。

十一月三十日　火曜日

たまさか思うのだけれど、身が不自由になって周りの手助けを必要とする事態になっても、強制と命令は御免被《こうむ》るというのは、老人ならずとも誰もが思うところではないだろうか。何も言えなくとも、赤ん坊だって同じことだと思う。

何もできないくせに何を生意気な、と思ってもらっては困るのである。自分が年老いてから、やっと人の気持ちが分かったというのでは遅い。

老人について言えば、歳を取ったらその分経験豊かになって、考えも深くなるというのも何かの間違いだと思う。

馬齢《ばれい》を重ねるという言葉があって、馬に失礼だと思っているが、歳を取ったからエラクなるというものではない、とほんの子供の頃から十分承知をしている。

実際、今いるところが自宅だという認識ができなくなっても、配偶者の存在を忘れても、本人の感情は豊かに残るのを見てきた。

不自由と身体の不調に悩んでいる時、ただでさえ日々の暮らしは辛いものがあるのだ。できないということの引き起こす、切実な悲しみ。

今すぐに薬を飲んで下さい、と目の前に薬を出されても、ぼんやりと霞んだ頭で、聞いているのかそうではないのか。返事をした本人だって自覚はないらしい。そうしてすぐに目の前の別のことに気が取られる。

薬を勧める方は命に係わるだけに、そんな事態が重なると当然切れる。切られた方は、これも度重なっているのもあってかんしゃくが起きる。

時にはそれを家を出た方の子供たちに訴える。介護をする家族としては実に遣り切れない時である。

実際ははいはいと相づちを打ちながら、飲み終わるまでこちらが湯呑みと薬を手放さなければいいだけの話である。けれども介護する家族が抱えている雑用はきりがなく、時間に追われて気が焦る。

時には突然姿を消す。徘徊の始まりで、これは本人にとって実に切実な問題を抱えているからなのだ。傍の者が止めようとして誤魔化してみても、そんな策にはまず引っ掛からない。

要はその問題を取ってあげればいいだけなのよ、と友人が教えてくれて本当に助かったことがあった。

徘徊は命に係わるような事態にならなければいいので、一緒に散歩でもすれば済むのだけれど、ここでも家族には余裕がない。家の中は雑然と散らかっている。

どれ一つ取っても終わりは見えない。そして介護者はストレスの果てに、重い病を抱えることになるのだ。

介護は人生と命を代償とする、孤独で重い仕事なのである。

ついでに言えば、問題行動は高齢者に限らず、その人が如何に不幸であるかということを表わしているのではなかろうかと思っている。けれどその不幸の大きさについていくのは、傍の者にとっていつでも困難なのだ。

十二月

十二月十七日　金曜日
ようやく少し胃の痛みが治まってきたと思ったら、交代したみたいに普段の痛みが戻ってきて、身体中かなり痛む。多分十段階の七、いや八くらいかな。痛みって複数になると、どちらかが隠れん坊をするのかしら。まさか。
痛みには波があるから、少しでも元気なら台所仕事をしたかった。けれども妙に身体がしゃんとしない。結局一日中寝たり起きたりの日になってしまった。不調、本当に三十年ぶりかもというくらいの一日。
あ～した元気にな～れと歌って寝ることにする。

二〇二二年

一月

一月七日　金曜日

昨日は少しまとまった雪になった。日中ばかりではなく、夜中も降ったようで、朝、ウチの駐車場の屋根には三センチほど積もっていた。これでも十年くらい前に降った雪の量と比較されるほど、珍しいのである。

雪が降ると辺りの景色が一変して、何やらとても楽しい。ことに裸木に積もると、真っ白な木の形が空間に浮き上がり、幻想的な美観になる。

けれども地面が雪に被われると、餌を見付けられない小鳥が飢えるのである。食パンが少し残っていたな。

アルジは子供みたいだと言うが、この景色に何も感じないのかい、と思って放っておく。半世紀近く一緒に暮らしても、同時に見る景色は驚くほど違うものである。

今朝は快晴。真っ青な空に雲が浮かんでいる。見ていると雪が解けていくのだが、面白いことにいつでも常緑樹の根元から後退していく。飛び石の上は既に解けてしまって濡れて光っている。

洗濯物を干そうと外を眺めたら、極小の燦めきが辺りを飛んでいた。ダイヤモンドダストだと思う。量は決して多くはなかったし、じきに消えてしまったのだけれど。

これから孫たちがやって来るので、できれば調子を整えておきたい。でも具合は決して良くない……。

一月十九日　水曜日

昨日、庭に小さな山が二つできていた。

モグラの穴ではないかとアルジと推量しつつ、かじられて困るほどの木の根もない。モグラだってこの寒さの中頑張っているのだろうからと、放置していたら、今朝は山が三つになっていた。生きものの気配があるのは楽しい。

今年は何故か、例年来ているメジロやムクドリの姿が見えない。ヒヨドリもほとんど姿を見ない。リンゴもミカンも庭木の小枝に刺したまま乾いている。スズメも声だけは響いている。

代わりに天井でネズミが運動会を開いていたのだが、こちらはタカの声やネコの喧嘩、超音波を流したら静かになった。しばらくはいいかな。

二月

二月一日　火曜日

アルジより少し早く目が覚めるので、これ幸いと早速雑用に掛かる。本当に些細で、名前もないような雑用の何と多いことか。

それが後から後からうんざりするほど、切れ目なく出て来るには違いないのだけれど、これを馬鹿にすると一日が成り立たない。

まず部屋の窓を開けて空気を入れ換える。昨日のゴミをまとめて出す。新聞を取りに玄関に出る。洗濯ついでに、前日の湯たんぽの中味を洗濯機に空け、空になった洗剤や漂白剤の補充をし、それから自分の手入れも忘れてはならない……。

けれどもアルジが起きてくる頃は何だかぐったりしてくる。疲労感なのだけれど、気が付いてみれば痛みの方が強くなっていたのだ。何十年経ってもこの区別が難しい。私は馬鹿か。

食事の支度はそこそこに、ほとんどを残り物と作り置きで済ませている。それでも七品ほど。ほとんど豆皿と小鉢、それも小さい物。

終わり頃には本当にぐったりという気分。逆流性食道炎にはなりたくないから、ソファに背をもたせて横になる。毎度この時間が長い。

二月三日　木曜日

痛む。この頃以前より少しきついみたい。まぁ、こんなことの繰り返しで来たのだけれど、決して有り難くはない。

何かしようとしても、なかなか始めるには至らない。痛みだけではなく、目眩《めまい》の後のように少しぼんやりとして、現実感もちょっとばかり足りない気がする。気分が悪いのはそのせいかな。

それでも出さなければならない手紙を出すついでに、気分転換をしようと公園に出掛けることにした。

ちょっと行ったところで近所の人に会う。彼女と会うのは久し振りなので、道の端によってしばらく立ち話をする。彼女も敷地内に住んで、お舅《しゅうと》さん夫妻を見送った人である。

最近はそんな彼女とも、これからどうやって暮らしていくかという話題が中心になる。

お兄様は伊豆のホーム、自分は長男がいるからいいのよ。あなたどうする?

長話をしていると、見知った人たちが通り過ぎていくので挨拶をする。一人で家の中にばかりいるとこんなことはない。

公園を歩いていると、枯れ草の上に自分の影が映る。あらら、背中が曲がっているよ。具合が悪いと、どうしても背中が曲がるね。

小径《こみち》の途中にはブロンズの、大きくて少々不細工なカラス。あれを見るといつもポーの「大鴉」の詩を思い出す。Nevermore、またとない……。

あの詩には色々な画家が挿絵を描いているけれど、この公園のカラスは詩人が気に入るのではないかしらん。今日は噴水が三つとも音を立てている。池のどこかでカモたちの鳴き声がする。少し疲れたので公園の入り口の喫茶店に入った。香りの高い紅茶を飲みながら、しばらくぼんやりと窓の外を眺める。窓の外は道を挟んでテニスコート。いつも若い人の元気な声が響くのだけれど、今日は静か。

窓の外を行くのは犬を連れた人たちや、自転車の子供に歳を取ったご夫婦。

ここのところ、飼い犬は随分小型化したような気がする。おや、珍しくボーダーコリーが来た。あれは牧羊犬。白と黒のコントラストが美しい犬だ。

窓の外は冬の寂しさ。枯れ葉がまだ少し木に残っている。汚いとは思わないけれど、執着ってあんなのを言うのかな。

ぼーっとしていたら、向こうの空が明らんできたので帰ることにする。

二月八日　火曜日

今朝のおかずの一つはおから。おからなんて豆腐の絞りかすなので、あまり上等な食品とされていないと、どこかのお年寄りに聞いた覚えがある。あ、そう。

でも最近は食物繊維が豊富で、栄養食品の一つに数えられている。栄養素だって豆腐と比べて遜色はないようだし。

胃の不調はどうやら収まっているような、いないような。

でもあの痛みがまた来るのは願い下げだし、作ろうと思えばおからは手軽だし、二、三日分の作り置きにするなら重宝ということもあって、家では割合頻繁におからを食卓に出す。

そのおからを盛るのは、去年買った黒い小鉢が多い。決してデパートなどで買った高級品ではなくて、たまに行くスーパーの棚にあった半端物。元値はもう少し高かったらしいのだけれど。

黒という色はとても難しくて、同じ黒は二度と作れないのです、とデパートの服飾品売り場で聞いた覚えがあるけれど、この小鉢も面白い黒をしている。

いわゆる漆黒《しっこく》というのではなくて、どこか茶色が入っている。鉄の色かな。錆色《さびいろ》とでも言うのかしら。そして光に当たると銀を含んだ色にも見える。

料理を盛るのに一番映えるのは、白い皿だというのは常識である。一番難しいのは青で、食欲を失わせるのだとか。なるほどダイエットに良さそうだわ。でもこの黒という色もとても難しい色ではないかしらん。

その鉢に絵が描かれている。三羽の鳳凰《ほうおう》と、底には八角形に象られた不思議な花。ご丁寧に外側にも。その線の繊細なこと。

藤田嗣治が好んだという面相筆よりも、もっと毛先の細い筆が使われているのではないかしら。絵の具が指先に微かに触れるくらいに盛り上がっている。

そう言えば箱に書かれていた説明によるまでもなく、仏教に因《ちな》んだ図柄らしかった。

単独で飛ぶ鳥たちは闇の中にあって、決して出会うことがない。ちょっと考えると悲劇的な図柄だと思うけれど、どうやら彼等は頓着《とんちゃく》していないらしく、随分暢気《のんき》に見える。

二月十五日　火曜日

この頃、大したことのない家事の最中に息が切れる。どうかすると歩いていても切れる。今朝も洗濯物を干していたら、苦しくなってしばらく止まらない。息が切れる状態は不慣れなので、少しばかりの恐怖を伴う苦しさと知る。息が足りないこの世の息が、というフレーズが不意に頭に浮かんだ。

調べてみたら河野裕子さんの絶唱だった。あの方のことはそんなによく知らないのだけれど、今までご活躍なさっていたのだから、健康でいらしたのだろう。突然の癌はどんなにか辛く苦しかったことだろうか。

そんなことを思っていたら、以前見舞いに行った築地の癌センターで、がっくりと肩を落としている女性の姿を見掛けたのを思い出した。知らない人であったけれど、とても声など掛けられない、深い絶望の姿が忘れられない。

命が果てる時、聴覚ばかりは最後まで残るのだと聞いている。

私はわずかな人たちの終末に立ち会った時、その人の手に触れることは思いもよらなかった。勿論、私の出る幕ではないことも多かった。

でも今は老いて病に苦しむ時、先の短さを知る時、死の瀬戸際にもそっと手を握りたいと思う。いや握って欲しいと思う。

　手をのべてあなたとあなたに触れたきに息が足りないこの世の息が

二月十九日　土曜日

服用している薬の中にビビアントというのがある。これがどうも気になるのである。いや、副作用云々の話ではない。

外国語全部ダメという私などの言えた義理ではないが、ビビアントのトが何とも気になるのである。

「風と共に去りぬ」という映画があった。この映画の主演女優、スカーレットを演じたのが、ビビアン・リーである。viviantとvivien。

どうもこのビビアンという音が耳に付いてしまっていて、スカーレット・オハラを演じた彼女の、ポスターが大きく眼に浮かんでしまうのである。葛原妙子も詠んでいたよ。

　ヴィヴィアン・リーと鈴ふるごとき名をもてる手弱女《たおやめ》の髪のなびくかたをしらず

映画に主演した女優の姿がイメージの中で決定的になってしまって、その後の彼女の映画を見られなくなることがたまにある。

私にとっては、「ローマの休日」の主役を演じたオードリー・ヘップバーンがそうで、全く法外な話だと思うけれど、その後の彼女のヒット作を私は見ていない。

かくして今朝もまた、小さなｔの音に悩まされながら薬を服用している。処方して下さったドクターのせいでも、製薬会社の責任でもないこちらの勝手な話。

ついでに言えば昔、どこかの製薬会社が、ショパンのプレリュードの中の一曲を胃腸薬の宣伝に使っていた。随分前、誰かが異議を唱えていたけれど、しばらく宣伝を控えたくらいで、また復活したことがあった。

さすがに最近は控えているのだろう。でも、しつこい私はまだこれが癪《しゃく》に障っている。プレリュードを聴いていると必ずこの曲に当たるし、同時にあの薬のコマーシャルの台詞《せりふ》が浮かんでくるからである。

ついでに言えば、オペラ「カルメン」の前奏曲のあのメロディも、誰かが討論バラエティ番組で使っている。

子供が聞いて、耳の奥に染みついてしまったら、原曲のイメージが損なわれる。一体誰が責任を取るのかしらん、とワタシは一人で怒っている。

二月二十五日　金曜日

数日前、よく晴れた日のこと。庭に向かう窓から空を眺めたら、大気の様子が少し違っていた。青い空に柔らかな雲が浮かんでいたのは、いつもと変わらなかったのだけれど、空から降ってくる光がガラスのような、どこか晴れやかで冷たい燦めきを持っていたのである。

言葉にすればそれだけのことなのだけれど、あれは初めて見る光だった。以後気を付けて空を眺めているのだけれど、まだあの時の燦めきにお目に掛かっていない。不思議な光だったと思う。

三月

三月六日　日曜日

今日もかなり痛む。主に背中かそれとも身体全体かと思っていたら、胃の痛みまで加わってダブルパンチの状況になった。

あまりに辛いので、痛み止めを飲んでベッドに入る。しばらくしたらいつもの痛みは軽くなっていたのだけれど、胃は薬が効いていないのか。いや、症状に比べて薬の量が足りないのかも知れない。

そう言えばお薬を少し軽くしますとドクターが言っていた。それを聞いて幾らか良くなったと思った、私の油断が原因だと思う。結局午後中動くことができず横になっていた。

この痛み止めは服用の間隔を、六時間空ける必要がある。二度も続けて服用をしたのだけれど、効いているという実感がないのである。今日はアルジに、不快な思いをさせないで一日を過ごせれば、上等と思うことにしよう。

結局終日を強すぎる痛みで、どうにもならない一日であった。何故か陣痛時の病院の、コンクリート剥き出しの薄暗い部屋を思い出していたのよ。

三月三十一日　木曜日

少し前に聞いた話。

アルバイト先で、たまたま社員の健康診断の結果を整理する仕事をしていたら、軒並み結果に問題のある人が多かったそうである。血圧や脂質異常症、糖尿病予備軍である境界型等も含めて、男性に多いとか。

その方たちの昼食時の様子といえば、手近なコンビニ弁当が多いらしい。揚げ物が多く、栄養バランスの悪い食事になっている。それを何も考えずに食べている、と彼女は言う。

結果は目に見えている。揚げ物の油はたいていの場合酸化しているし、それは弁当を開けた時点で気が付くはず。酸化した油は臭うからだ。

それにカロリーと塩分の多い食事は、昼食に限らない。菓子パンは油脂と砂糖が多いので、思いの外カロリーが高いのだ。意外かも知れないけれどケーキ並みなのね。

食事を変えるとまだ幼い子供なら、一ヶ月で体調が変わってくるのを実感した。いや、大人だって薬の服用によって、体調をコントロールすることを考えれば、食事だって同じである。まさに医食同源なのだ。

今のような飽食の時代はなおさら、何も考えずに食事をしてはいけないのである。基礎的な栄養の知識くらいは知っておく必要がある。

先代の飼いネコは干物の骨や煮干しが好物だった。ネコは腎臓で塩分を処理できない。膵臓《すいぞう》も小さいそうだから糖尿になりやすいということも、彼の死後になってようやく知った。つまり飼い主が何も考えずに彼に餌を与えていたのだ。

結果、彼の寿命は一般的なネコの半分だった。腎不全である。今でも彼には、本当に申し訳のないことをしたと思っている。

家庭科では命を繋ぐための、最小限の知識を教えていると思う、多分ね。いや、家庭の普段の教育こそ大切なはずである。

大人になってからでは遅すぎるのである。子供たちに食事に関する知識を教えておかないと、単に個人の悲劇ばかりではなく、国家的な経済損失に繋がっているよと、いつも思うのだけれど。

四月

四月八日　金曜日

朝食を摂りながらテラスに目をやったら不思議な物を見た。

穂を持った白い花で、ピンクのスミレの花の向こう、真横に枝を伸ばしている。おまけにその下に同じようなもっと短い穂。短い方は何だか空中に浮いているみたい。あんなもの、植えた覚えはないのだけれど。

食事が終わってから早速見に立つ。何のことはなかった。

スミレの隣にマーガレットの花が咲いている。遠目から見て、同じ高さに並んでいるそれを、少し離れて斜め上から見ていたのだった。何かきれいな、不思議な感じの物を見た気分。

若草色の茎はどうやら日の光に溶けてしまって、離れたところからは見えなかったらしく、浮いているように見えたのはそのせいだった。それにしても不思議な光景であった。視点が変わると新たに全く違ったものが立ち現れる。

不意に諺《ことわざ》の一つを思い出す。

幽霊の正体見たり枯れ尾花

でもこれを思い出したお蔭で、今朝見た美しい白い穂が霞んでしまった。印象が何だか似て非なるものに、変質してしまったのである。

四月十七日　日曜日

今日も不調である。頭がぼんやりと痛いし、他にも痛みは身体中にあって意気を阻喪《そそう》させている。それを言い訳にしたくはないのだけれど、昼食までをぼんやりとしてしまった。

でもまだ冗談は言える。朝食も何とか支度をした。最近、味噌汁を作るのがおっくうになって、ついインスタントに頼るのだけれど、できればそれをしたくはない。

午後になって、用事が溜《た》まっているので無理でも少し働く。用事があるのはとても良いことなのだと思う。何もしないで横になっていると、痛みは余計に強く感じるもの。

身体の中で「トスカ」が切れ切れに鳴っている。不穏な短い前奏曲だったり、第一幕の終わりのテ・デウムの断片だったり。終幕の牧童の歌や、第二幕のトスカの、あの有名な場面だったり。

誰かがプッチーニが宗教音楽を書かないのは惜しい、と言っていたけれど、あの第一幕のテ・デウムは本当に美しい。じきに幕が閉まってしまうけれど、もっと聴きたいと思わせる深い和音とメロディなのだ。私も彼のレクイエムか何か聴きたかったな。

四月十九日　火曜日

遅い朝食が済んで、スーパーへ広告の品を買いに行ったアルジが、世間ではもうみんな活動しているよ、と少しばかり驚いて帰宅した。彼は勤めている頃も家を出るのは遅かったし、定年を過ぎた今、たまに正午近くに外へ出ると随分新鮮な感じがしたのだろう。

私は例の通りソファに横になって読書の最中。これも立派な活動である、と無理矢理納得をして、自分を誤魔化している。

でも、ワタシは若い時からずっと家に籠もっていた。そしてほとんどの時間を横になっていた。最低限の家事をするだけで、本当に精一杯だったのよ。

何気ないアルジの驚きは、小さな鉄砲の弾になってこちらに命中したようだった。

四月二十一日　木曜日

新宿へデッサンを描きに行く日。朝から大分痛む。いつもより酷い、果たして行けるだろうか。できることなら休みたくはない。

行っても行かなくても、どうせ痛みは和らぎはしない。それなら行って絵を描いている方がいいに決まっている。痛んでも命に別状はないというのは本当に気が楽である。

それにしても痛むので、痛み止めを二錠余分に飲んでみた。でもさほど楽になったとも思えない。いや、ちっとも変わらない。

バス停までが辛いよね、と思いながら、杖をつきつきバス停に。大きなガラス窓に差しかかると、いつも自分の姿を確認することにしている。あら、今日も背中が曲がっている。ダメじゃん。それにしてもいつ、こんなに弱々しい姿になったんだろう。しかもこんなに早く。これは計算外だったね。

駅に着いてみれば、痛みは半分意識の奥に行って電車でも座れた。これはとても有り難い。駅からカルチャーセンターまで少し距離があるのは厄介なのだけれど、動く歩道に乗った頃には頑張って歩くことができた。こうなると痛みも気分の問題か。

画室について、スケッチブックを前に座る。そのうち、軽い吐き気がしてきた。少し前に時計を見ながら十分で、菓子パンを一つ食べたのが悪かったのだろうか。一緒に買ったヨーグルトは飲みきれそうもない。

身体の痛みが増してきた。無事に帰れるかな……、いやいや駅のベンチにでも、少し座っていれば大丈夫だと思う。

ふらふらしながら鉛筆を動かす。テーブルの上の画材は沢山。その一つ、レモンだけでも、厄介なのだ。簡単なようでも描いてみると、なかなかの難物なのである。出来てきたのはまるでジャガイモ。

レモンは姿や色が比較的単調なので、その分難しいのだ。油やアクリルで色を付けるのならまだしも、こちらは鉛筆一本、単色である。

こうなると少しは抽象画みたいな範疇《はんちゅう》に入るのだろうか。先生、いつか卵は難しいよって言っていらしたな……。

先生が来て少し手を入れて下さる。ついでにここを直すといいよと言われて、もう一踏ん張りをする。ジャガイモにしか見えなかったレモンは褒めていただいた。

ジャガイモ？　何言ってんですか。

四月二十八日　木曜日

自宅で描きかけた絵に筆を入れる．背景の一部に影を、少しだけ。ん、良くなってきたかな。でもまだ不足があるよ。右下のテーブルの下にもう少し影を加えてみるかな、あ、不思議なことにぐっと現実感が増した、へぇ……。でもテーブルと果物と背景がぶつかる一点が少し濃い。ほんのわずかな一点だけれど、目障りである。ここは本当に難しい。

そこで目障りを消して、テーブルの隅をわずかに濃くしてみる。ん……やはり線が濃かった。取り敢えずこの濃さは削らなくては……。

削ってみれば、それだけでテーブルの板の厚みまで変わってきた。たかが趣味の絵と言えども、発見が多いものだと思う。
物事の引き際はいつでも難しい。下手は下手なりにこれ以上いじると、後はぐちゃぐちゃになるだけという一点がある。ここらで引くべきかそうでないのか、まだまだ絵を眺めての思案は続きそうである。

五月

五月三日　火曜日
堪らなく痛む。何でもいいから痛みを軽減して、元気の出る薬がないものかしらん、本当に。

五月四日　水曜日
携帯電話の機種変更をする。無能なワタシを心配したアルジと息子が付いて来る。色はビビッドな赤。昨日までの携帯も赤だったけれど、あれは血赤珊瑚《ちあかさんご》の色。色はあっちの方が良かったな。新しいのは同じ赤でも少しばかりくすんでいる……。
でも新しいスマートフォンを手にして、何だか子供みたいに嬉しい。昨日まで手にしていた携帯は、まだまだ使用可能だったとは言え、少しずつ不調も出始めていた。それが一気になくなった。

携帯電話は私にとって調べ物をする手立てであり、家族の写真帳であり、新聞もたまにはこれで読み……と身近になくてはならない道具なのである。

早速モーツァルトのソナタを聴いてみる。十八番、K.576、ニ長調、演奏はアルゲリッチ。嬉しいことに音も幾《いく》らか良くなっている。

携帯電話の調子を整えるのに、息子は今回も、それこそ痒いところに手が届くかと思うほど、細やかに面倒を見てくれた。本当に有り難いことである。

でもワタシの不調は酷かった。いつもながら、本当に何もできなかったのよ。

五月六日　金曜日

この二日間の不調も酷かった。少し雑事をすると起きていられなくなり、仕方がないからベッドに行く。

聴いていたのはニキタ・マガロフの弾くモーツァルトやショパンのソナタ。それからラドゥ・ルプーの弾くバルトークのコンチェルト。バルトークを長いこと等閑にしてきたのだけれど、何かとても絵画的な印象。

五月十四日　土曜日

夜、また小さなスケッチブックを出して、絵を描こうと思った。ガラス瓶を出せば、光を描く勉強になるかも知れない。でもここは画材を一つにしてみようか。

かくして納戸から新タマネギを出して頑張ってみる、けちん坊が練習するのであるから、もう一つ書き足せるように余白を残す。先生がここにいらしたら何か仰りそう。クロッキーブックにすべきだったかな。

一時間余り、奮闘して一応の片を付けた。

完成にはまだという段階であるけれど、パソコンと囲碁をやっているアルジに見せてみる。見たところ今夜のアルジ、パソコンとは互角の勝負らしい。ね、これ何に見える？

手を止めてスケッチブックを見た彼は少し考えて、うん、タマネギに見えなくもないな、さっき出しているのを見たもんね。

我が家のアラソイは、だいたいこのあたりから始まるのだけれど、痛みと格闘した一日の終わりにそんな元気はない。勝負の決着は明日である。ミテロヨ。

五月十八日　水曜日

オレンジのジャムが終わりになった。高校のクラスメートが手作りした品を送ってくれたもの。料理って人柄が出るのよ、と言った友だちがいたけれど、このジャムと同封されてきた品々には、彼女の幸せな暮らしぶりと温かな人柄が感じられた。

プロも斯《か》くやと思われる甘さと酸味のバランス、そしてデリケートな舌触り。口に含めば香り良く、柔らかなオレンジの色も素晴らしい。添えられていたピールも。

　辰巳芳子は押しも押されもせぬ料理研究家である。そのまた別の友人はこの人の本を買い求め、記載されている物と同じ道具を買いに行き、きっちりと分量や加熱する時間を計って、自身の家庭料理を身に付けたという。

　彼女の料理は見た目も美しく美味しく、食後に柔らかな幸福を感じさせるものであった。何事もきっちりとしてゆるがせにしない、彼女の人柄そのものがあってのことだと思われた。

　比べて見れば、私の家庭料理など本当に誰の足許にも及ばない。確かに栄養について時間を掛けて学ぼうとした。結果、それで家族の健康を損ねることはなかったのが嬉しい。

　でも三十年余りも前のことであるから、今何か問われてもみんな忘れてしまっている。全ては風と共に去りぬ、なのよね。

五月二十一日　土曜日

　友人の家へ向かう途中、道端でタケニグサの蕾を見付けた．それは可愛らしい二枚の葉の間からつぶつぶの浅い緑が覗いている。

　タケニグサは竹似草と書く。そこらでよく見掛ける雑草なのだけれど、見た目だけではこの草の姿の、どこが竹に似ているのかとんと分からない。

　ちょっとした隙間でもあればいち早く芽を出して、それは元気よく育ち二メートルほどにもなって、他の雑草を圧倒する趣《おもむき》がある。

おまけに折ると切り口からオレンジ色の汁を出す。血液みたいで、幼い頃にはこれを見ると少しばかり不気味な感じがしたものだった。

折り取った枝の先はそれは小さくて可愛らしくて、この小枝のどこが一体あの憎たらしい、大きな雑草になるのかと思わせる風情である。緑色の小さなガラス瓶に、庭のスミレと一緒に活けて楽しみに見ている。

五月二十三日　月曜日

週に一、二度は電車に乗る。最近はどうかすると膝がふらつくので、杖をついている。

この杖というものを、私はできる限り目立たせたくないのである。何故なら席を譲って下さる若い人たちだって、仕事や学業で疲れていると思うから。

それでも席を譲って下さる人は多い。有り難く頂戴をして丁寧にお礼を言う。日本にはまだまだ優しい人が多いと思っている。

でもそれに甘んじていないで、なるべく各駅停車の空いた電車を選ぶのは、年寄りの作法というものではないだろうか。

優先席に座って何となく目の前の人を眺めている。バギーに乗せた赤ちゃん連れのパパとママ。赤ちゃんの何と可愛らしいこと、瞳のきれいだこと。時々こちらを見て笑ってくれる。とっても嬉しい。

今日は目の前に三十代くらいの女の人が立った。細かな花柄の白いワンピース、肩まで垂らした緩いパーマの髪に麦わら色の帽子。

どこかで見たような気がする、と考えていたら、彼女はブランチ・デュボアに似ていたのかも知れなかった。あのテネシー・ウイリアムズの戯曲、「欲望という名の電車」の主人公。繊細で誇り高いブランチ。

故郷の家が没落して、場末に住む妹の家に寄食するようになったブランチ。粗野な義弟とはそりが合わず、やがて故郷での彼女の噂が伝わり、絶望と不運が重なって発狂してしまう。

私はそのブランチを、当時高名な俳優であった杉村春子、義弟を北村和夫の舞台で見ている。彼女の舞台は本当に素晴らしくて、終わった後も人の哀れについて、深く感じさせられたものだった。

舞台は何もない空間に一時、人々の哀歓の声が響く。そして終わると同時にふっと何もかもが消えてしまって、観客は現実と虚構の二つの世界に戸惑いながら帰路に向かうのだ。

今日出会った方のお顔が見えたわけではないから、本当にブランチに似ていたかどうかは分からない。でもたまには思い掛けなく、読んだ本の登場人物に似た人に出会うことがあるのだ。一体何故なのかは不明である。

五月二十四日　火曜日

午後はひとしきり用事を片付けて、アルジとお茶の後横になって、今日は本当に久し振りにシューベルトの「未完成」。イヴァン・フィッシャーの指揮、オケはブダペストフェスティバル。聴いていると本当に恐ろしくなってくる曲。シューベルトの音楽に、死の面影があるのはよく知られているのだけれど、この交響曲も出だしのフレーズからその影が濃い。

フレーズの色彩に濃淡はあるのだけれど、藍色と緑の混ざったような深い色。漢字にすると「蒼」に近いだろうか。その蒼が広い空間を占めて、他に存在するものが何もない。この音楽では空間に狂気が浮遊している。

天才は常人に聞こえない音を聴き、彼等との感覚の差に戸惑いを感じているうちに、耐えきれなくなるものがあるのだと思う。どちらが幸せなのかは、誰にも分からないのかも知れない。

六月

六月三日　金曜日

ぼんやりとした、けれどゆるがせにできない強い痛み。それが身体中を占めていて、何をするにも邪魔をする。一々意思を働かせなくては何もできないし、疲れやすくぼんやりとして不快な眠りを誘われる。

おまけに痛みは種類と場所を変えて、付きまとって離れてくれない。うるさいんだわ、本当に。まだまだドストエフスキー「悪霊」を読む。間に何かを挟んでみても、何年かは彼の諸作品の読み直しになると思う。

誰かがドストエフスキーの作品は台詞が多くて、演劇にしやすいと言っていたけれど、私にはとても絵画的な印象。場面が入れ替わる度に、その場に登場している人物の群像が、朧気《おぼろげ》ながら目に浮かぶような気がする。

六月十二日　日曜日

朝、いつもの雑用をしながら、いつの間にか身体を冷やしていたようだった。気が付いてからすぐにカーディガンを羽織り、スカーフを首に巻いてみたりしたのだけれど、時既に遅く何だか気分が悪い。ワタシは冷えに弱いのである。

仕事が続かないので、仕方なく用事の途中で横になる。ここはしっかり温まらないとダメかな。結局気分の悪さは終日続いた、冷やしたせいで身体中がいつもよりひどく痛む。これがなかなかの難敵なのだ。何も考えられないし、働くのも辛い。仕方なくベッドに入る。

午後遅く、早めのお茶を済ませて散歩に出掛けた。こんな日はよほど気を付けないと帰宅が難しくなるかな。でも終日室内に籠もっていては気分も良くないもの。けれど早めに帰るにしくはない。

昼の急な雷雨の後で、公園の青葉は日に輝いていた。青く晴れ渡った空に、夏の雲が浮かんでいる。木々の緑は洗われてより鮮やかになり、遅い午後の日ざしの明暗が一際鮮やかになっている。

大きなどら焼きを伏せたような丘には、数匹の小型犬と飼い主が集まり、それぞれの交友を温めている。人間の方は犬友達というのだそうな。

小径をマラソンする人、遊具に集まる子供たちの楽しそうな声と、休日を楽しむパパたち。池には十センチほどの仔ガモが器用に泳いでいて、それを眺める高齢者たちの穏やかな会話も。

歩くのはきつかったし、何より無事に帰宅をすることが頭から離れない。噴水のある池の傍で一休み。葉擦《はず》れの音が心地よい。

木蔭のベンチにぼんやり座っていたら、夕方が近づいてきたのだろう、ほんの一瞬、日に翳《かげ》りが差したかと思うと、空の色が目に付かないほどの変化をした。そしてそれを切っ掛けに、辺りが夕暮れの色へと変わっていくのが、はっきりと見えた。

六月十四日　火曜日

そう言えば去年の秋にアルジが買ってきたタマネギの、二個か三個のうちの一つがまだ納戸の隅に残っている。

タマネギも生きているものだから、春には芽や根が出てくるはずだった。この残ったタマネギは何故か芽を吹かず、さりとて腐りもせず黴《かび》も生えず、まだ棚の上に転がっている。芽吹きの季節も新タマネギのそれもとうに過ぎた。
二、三十年も前になるだろうか、隣の市の自然食品のお店のご主人が、市販のジャガイモに保存のために放射線を当てるという話をしていたと思う。「そんなことをしたら食べ物じゃないですよ」という言葉も記憶に残っている。
あの話の真偽のほどは知らないのだけれど、このタマネギには何か処置が施されているのかしら。食べ物であれば薄気味の悪い話である。

六月二十三日　木曜日

机の上に小さなバラが一輪活けてある。花瓶は友人に貰ったもの。遊びに行った時、彼女が洗面台を開けて、一つあげる、どれがいいのと選ばせてくれたものである。

十センチ余りのガラス製で、下の方が緑、上は青色のその壜は、手仕事の作品らしく、青と緑の継ぎ目が歪んで少し傾《かし》いでいる。そこがまたいい。華奢な造りなので花を活けてみても、スミレならせいぜい二輪。小さなバラでも同じ。

この花瓶にバラを活けて見ていると、いつもリルケのあの詩を思い出す。

スイスのラローニュにあるリルケの墓の墓碑銘で、読む度に不思議な気持ちを掻き立てられる、謎の多い詩である。それで沢山の訳があるのだけれど、その中から一つ。

薔薇　おお　純粋な矛盾
富士川英郎　訳

薔薇　おお　純粋な矛盾　よろこびよ
このようにおびただしい瞼の奥で　なにびとの眠りでもない
という。

六月二十五日　土曜日

このところ、朝食が済むと何もできなくなっている。横になって本を開いてみるのだけれど、何故か読むのが辛い。読み進まないし頭に入らない。

物事に興味を持って理解しようという気が減じている。参院選もウクライナも同じこと。急激な暑さのせいだろうか。

あまりにも暑いせいもあるのか、通りには人影がない。この通りの子供はお向かいの二人だけなのだけれど、彼等の声も聞こえない。

レースのカーテンを閉め切っていると、何か現実感が遠のいてゆくような気がする。

ぼんやりと気力が湧かず、詩集を開いて何とか少し読み込みたいと、思っているうちに眠ってしまっている。

ワタシはこんな状態があまり好きになれない。感覚をフルに働かせて、一時に用事を二つくらいは掛け持ちにして、きりきりと働いている方がよほど気分が良いではないか。

七月

七月五日　火曜日

レタスの花が咲いている。しばらく前に買ったレタスに根が付いていたので、早速鉢植えにしたのだ。元気に育ってくれたので、何回か収穫してサラダにした。

その後に細い茎が何本か出て、直径一センチくらいの花が咲いたのである。マーガレットに似た円形の花は、とても儚《はかな》くて一日しか保たない。対生《たいせい》の細い枝をもつ茎は根元から分かれて、あちこちに小さな丸い粒が付いている。それがだんだんに葉になっていく。

茎のてっぺんに咲くのが黄色い花。何か古楽の小さな舞曲、ロンドかメヌエットを思わせる可憐な花である。

「サマータイム」という曲ばかり聴いている。オペラ「ポーギーとベス」の中のアリア。昔、最初に聴いたのは、エラ・フィッツジェラルドだったと思う。いや、サラ・ボーンだったか……。彼女の歌は本当に素晴らしくて、何度も繰り返し聴いた覚えがある。

このアリアは不思議なことに、白人が歌うとなかなか様にならない。勿論日本人にも難しい曲である。黒人が歌うあの独特の気怠《けだる》さは、彼等でないとなかなか出せないのだ。もっとも昨今は歌い方も色々なバージョンがあって、それもなかなかいいと思う。名曲の所以である。

七月十五日　金曜日

いつもの大学付属病院。ここも通い始めて何年になるのだろう。狭かった道幅は拡げられて、周囲のお店も随分様変わりをした。

それでもまだ竹細工と刃物研ぎをするお店が一軒だけ残っていて、昔の街道の雰囲気をわずかに残してくれている。

病院へ入って機械で受付を済ませたら、突然右の膝がひどく痛んだ。ほとんどまともに歩けないくらいで、このまま治らないと帰宅が危うい。ついでに左の膝も様子がおかしい。一瞬の切迫した危機感。でもちょっとの間で助かった。

ドクターには調子はどうですか、と聞かれるのだけれど、ワタシには新しく加わった病気の兆候がよく分からない。

常に具合が悪くて、それにも波があるとなると、どこかが新たに痛んでみても、いつもの続きと思ってしまうのである。

その後、無事に診察を終えてバスと電車を乗り継ぎ、買い物まで済ませたのだから、あの痛みは一体何だったのか不明。

七月二十日　水曜日

鉢植えのキンセンカの黄色の花、色が悪くなったと思ったら、小さな茶色の甲虫と黒い羽虫が、一生懸命に食事をしていた。あらら。

殺虫剤をかければいいだけの話なのだけれど、せっかく美味しいと思っているだろうに、ここで彼等の命を奪うのはあまりいい気持ちがしない。

結局、食べるのなら端の方にしてね、と声にならない声を掛けて、見過ごすことにした。

昨日まで一本ずつ、花を折り取らせてくれていたクチナシも、シーズンは終わったようである。肥料をやっていないからか、あまり沢山咲いてくれなかったけれど、いい香りを楽しませてくれた。

庭は今、雑草が生い茂っている。この暑さではアルジもお手上げ、ワタシも元気のない今、外の仕事は真っ平である。

雑草は茂るが、バッタは沢山繁殖するかも知れない。カだけは御免被りたいのだけれど。

今朝は本当に不思議なことに、痛みはあったけれど幾らか気分が良かった。珍しい、と思って考えてみたら、チラージンの服用量が上がったからかも知れなかった。

それでもパソコンに向かって一時間余りもすると、耐えがたい痛みがやって来たので、仕事は中断。

七月二十四日　日曜日

机に向かっての作業は、一時間余りで痛みが強くなって続かなくなり、気分の転換を図って小さな家事をしたりしても、決して軽くはならず結局横になってしまう。でも横になるのは三十分ね。痛みが残っていても、頑張って起きるのである。

そして昼食後は軽い空虚感。身体がまだまだ痛むので意欲が湧きにくく、意識を働かせるような作業は、何もできないという気分になるのだ。

軽いとはいえ、本人にとってはなかなか厄介で、することが見付からずに、この空虚感にずっと付きまとわれたなら、一体どうやって元気を出せばいいのだろう。

勝手な妄想でしかないけれど、もしかしたら身体の痛みより、精神の不調の方が辛いのではないだろうか。身体に痛みが残っても少々のことであれば、働くことはいい気分転換になるのだもの。午後はいつも家事の時間ね。

そんなこんなで、夜になるとほとんどエネルギーは残っていない。夕食後のものすごく簡略化した後片付けと、自分の始末が残っているだけである。でもしんどい時はこれが大変なのよ。

仕方なく、暢気にノンフィクション番組を見ているアルジを横目に、まず台所の生ゴミの整理から始めるのである。ふんだ！

七月二十八日　木曜日

朝、よく晴れていると思ったら、時折大きな雲が空を過《よぎ》る。その度にまるで天気が変わったみたいに庭が暗くなる。

昔は夏になると花が少なかった、と誰かが言っていた。今はバイオの技術が発達して、盛夏でもホームセンターに行くと花々が溢れている。

ウチの庭でもアサガオが二鉢、矮性《わいせい》のヒマワリ。それから去年のペチュニアが一鉢残っていて、これはきれいな紫。それからこれも紫のデュランタ、まだまだキンセンカも……少し離れて庭石の傍には白いオシロイバナ。コスモスが蕾をもっている。もうじき咲くかな。

アサガオの藍色は今のところ蕾で待機中だけれど、紅色のアサガオが一輪。傍に寄ってよく見ると端から紅が薄くなっていくのだけれど、中央は白であっても純白ではないのだ。ものすごく繊細できれい。

白牡丹といふといへども紅ほのか　　長浜虚子

八月

八月一日　月曜日

お昼時、アルジが庭の木蔭にスズメが入ったよ、と言う。今日のこの辺りの最高気温は三十六度だから、スズメも虫たちも随分暑いに違いない。彼等にクーラーはないのだから、大層堪えているのではなかろうか。

自分で買った覚えのない文学全集がウチにあったのを思い出す。以前、この全集の背表紙をまじまじと見た時、随分面白かったのを思い出した。うん、捨てるには惜しいものがあったよ。魯迅まだ読んでいないし。

そのうち時が来たら、読むかも知れないと思って取り置いた物である。本棚の天井付近にあったと思うから、脚立を持ち出す。運動神経の鈍い私は、この脚立というものが苦手である。

高く上がって眺めれば、さすが古い全集だけある。ショーロホフやロマン・ロランが入っているもの。ワタシが学生の頃は普通に書店に並んでいたけれど、今の若い人は彼等の名前を知っているかしら。

捜したいのはドストエフスキーの「死の家の記録」。読まなくてはと思いながら、まだ手を付けていない。全集の中にあるかな。

見ればドストエフスキーは一冊もない。ソ連時代、彼の評価はトルストイに次ぐものだったそうだけれど。今は逆だそうである。プルーストは入っていたよ。

いやいや、この文学全集が発行されたのは一九六七年、高度経済成長の終わりに近い頃かな、いや真っ只中か。あの頃はドストエフスキーなど読む人は、あまり居なかったのだろうか。ありそうとも思えないのだけれど。

ともあれ、背表紙を眺めていると、当時の編集者の汗と苦労というものが見えてくるのである。

八月十三日　土曜日

昨日は八日に亡くなった友人の葬儀だった。小さな教会のオルガンで、フォーレのレクイエムが演奏され、コロナの流行のせいで人数を絞った、けれど決して飾らなかった彼女の、質素な本当に良い式であった。

でも細かな式次第その他を、思い出すことができない。

昨日のことなのに、ご家族が話された思い出も何も、あまり記憶に残っていない。

彼女とは二十六年の付き合いであった。胃が痛んでいる。頭も、身体中。

八月二十日　土曜日

不意に思い出したこと。今から四半世紀も前の。

何気なく鏡を見てあまりに惨めな顔に驚き、当時掛かっていた医師にその話をしたら、ふふっと笑われたことがあった。

一瞬小さな驚きがあったのだけれど、何もなかったように診察室を後にした。自己愛が深いと思われたのかも知れなかった。そうなのかな。そんなつもりはなかったのだけれど、あるいはそうだったのか。

何故か、先日亡くなった友人の愛唱歌、「さやかに星はきらめき」が身体の中で鳴っている。

八月二十三日　火曜日

朝、アルジが網戸にセミが留まっていると言う。本当に小さなのが網戸の上の方にいた。この辺りは住宅地だけれどセミの声がしきりである。近所のお宅に庭木があるからか。どうかするとコンクリートの電信柱に留まって、一生懸命になっているのを見掛ける。鳥に狙われたら、ひとたまりもなかろうに。

家にいたセミはアルジによればアブラゼミだそうである。次に見た時にはどこかへ行った後だった。どうか元気でいてね。

毎日具合が悪い。今日も味噌汁が作れなかった。最近こんな日が増えてきている。朝の食事が終わって、いつものように横になる。ぐったりの度合いが以前より、幾らか強いような気がする。キツい頭痛。

旅行に行きたいのだけれど、コロナ罹患者が多いので当分様子見である。医療従事者の健康は大丈夫なのだろうか。

八月三十一日　水曜日

いつの間にか八月が終わる。空からの光はとうに秋のものになっていて、朝夕の気温もはっきりと下がった。今年の残りがあと四ヶ月というのが信じられない。

外には明るい光が満ちて、心地よい空の風が吹いている。この風が時をさらい、一緒に何もかもをさらっていくような気がする。

九月

九月十六日　金曜日

プッチーニが宗教音楽を書いていた。知らなかったよ。神様が小指の先で、彼にオペラを書くようにと言ったと、何かで読んだように思う。あれはワタシの記憶違いだったのかしら。「Messa di Groria」、栄光のミサっていうのかしら。歌劇「トスカ」第一幕の終わりに出てくる「テ・デウム」の素晴らしさを思い出す。プッチーニが宗教音楽を作らなかったのは、本当に惜しいと誰かが言っていたな。

早速ネットで聴いてみる。う〜ん……。

褒めている人も居るようだし、演奏の記録も幾つかある。でもワタシにはあんまり面白くない。まるでオペラの断片を繋げたように聞こえる。

実際作曲者はこれを、あまり演奏会に掛けたくなかったみたい。それでも旋律の幾つかをオペラに使っているし。まぁそれはよくあることにしても、これをミサと言うには、どうも世俗的に過ぎるような気がするではないか。

でもそれはそれとして、彼の卒業作品であるこのミサは、時に叙情的で、時に朗々たるアリアでと、後年の彼を彷彿《ほうふつ》させる作品だと思う。

今日も痛みが強い。午後から胃痛も加わって、どうにも起きていられなくなる。胃の状態はこのところ良くなくて、痛みが一つ加わったように思われる。

九月二十七日　火曜日

いつものように起き抜けのドリンク剤の小瓶。でも今日はさほど意気が上がらない。腰も痛い。

腰は消炎鎮痛薬か何かを塗って、やや軽快したのだけれど、その他にも頭から始まって、痛むところだらけという感じがしている。

ふにゃりと崩れそうな気がするけれど、一人で暮らしているわけではないので、家事を放り出すことはできない。夜更かしのアルジはまだ起きてこないのである。

自分を励ましながら洗濯物を干し、食事の支度をする。

雑用がなかったら、いや誰かが身近に居なかったら、人は抵抗できずに崩れてしまうのではなかろうか。

午後、庭に出てコスモスを折って小さな花瓶に活ける。

ウチのコスモスは花の直径が六、七センチくらい。やや小振りである。一度十センチほどのが咲いたけれど、この大きさになると色はピンクでも、何か不気味な感じがする。花が強すぎるのである。

そう言えば友人が著書の中でコスモスの根元を、「地に乱立する獣毛におおわれた生きものである。ここに踏みいることは難しい」と書いていたけれど、ウチのコスモスを見てもやはりそんな気がする。

根元の太いところでは、猫の前足ほども幅があって妙に生々しくて、そうでなくとも荒い毛が生えている。何だか危険な動物でも見るような気がするのである。絶対的な他者に見える。

これを「ここに踏みいることは難しい」と言う友人と、絶対的な他者と見る私。この違いの何と大きいことか。

ヨーロッパと違って、日本には滅びの美というものがあると聞いている。滅びねぇ……。この猫の足もどきと滅びの何と不釣り合いなこと。

信長が本能寺で、最後に能を一差《ひとさ》し舞ったという話が、嘘か本当なのか知らないけれど、これこそ滅びに向かう時の、最後の美ということなのだろう。日本では人気のある話。

でも信長が舞ったのは能ではないそうで、幸若舞という、もう消滅してしまった舞踊なのだそうである。知らなかったね。

十月

十月一日　土曜日

さやかな秋晴れ。昨日掛かりつけの内科で、痛み止めを処方されたせいか、今日は有り難いことに少し楽である。お天気も手伝っているのかも知れない。

友人が電話を掛けてきて、歳を取るとみな飾りが取れちゃうのよね、とそう言う。うん、別の友だちもしばらく前に同じことを言っていたよ。

女性は化粧をしていると、歳を取っていても美しい人は美しい。でもまぁ、これは人によるかな。

老いて入院などの事態になると、人は化粧どころではなくなる。そうなると誰でもお顔を見ただけでは性別も分からなくなったりする。

いや蓬髪《ほうはつ》となっても、来客の前で古いパジャマ姿になっていても、男女を問わず美しい人は美しい。一切の飾りを置いた人の、素となった姿。

十月四日　火曜日

爽やかな秋晴れである。風がレースのカーテンを揺らして、窓際には夏の名残のキンセンカとペチュニアが咲き、アサガオの葉が黄色くなって、命の終わりが近いのを告げている。しばらく前から、海を見に行こうと思って日にちを選んでいた。木曜日はデッサンに出掛ける予定だけれど、続けて出掛けると後が良くないから、間に一日はおく必要がある。

以前から曇りや雨ではなく晴れた海を見たいと思っていた。下車駅から遠くないところがいい。でも東京近辺の海はどこも人工的である。

そう思って支度を始めたのだったけれど、気が付けば腰から下が痺《しび》れている。まぁこれは大したことはない。いつもの痛みの方は無視をするに限る。

けれどもじきに胃が痛み始めた。しかもかなり痛む。仕方なく痛み止めを飲んだのだけれど、それで大丈夫だという感じがしない。

連日の痛みで、よろず我慢をすることが多いので、せめてこんな日には出掛けたいのである。近場のあれこれを思い浮かべたのだけれど、考えてみればすぐ近くの公園さえ、歩いて行くのは辛いのだった。

こんな状態でほぼ六十年が過ぎ去ったのだった。本当に六十年丸々。よくまぁ、と自分で感心をする。

窓に揺れるカーテンを眺めながら、本と音楽で一日を過ごすのは辛いな。毎日のことなのだもの。と思っていたら、病床にあって身動きのできない人の憂悶《ゆうもん》の深さが、ほんの少しだけ分かったような気がした。

十月十五日　土曜日

送られてきたメールの中に、エッセイが一つ載っていた。

「初夏の早朝の散歩あるいは仮想空間のある風景」とある。書き手は大阪在住の未知の方で、川に添った遊歩道を散歩している時の出来事だそうである。少し引用する。

……視界には眼前の白い道が続く。普段は何とも思わないのであるが、鳥のさえずりが聞こえてきて、それが何か空間を蔽《おお》うような気がした。……潜水してゴーグルの中から風景を見るような錯覚がする。足が地に着かない。……顔だけになって、白い道を追いかけて、ぐんぐん飛んでいくような……


私たちの知覚にあるこの現実の世界の他に、メタバースの世界があるのでは、とその方は仰る。メタバースはインターネット上の、仮想空間のことをいうらしいのだが、毎日お世話になっていても、機械類にはめっぽう弱いので、その辺のところはそうかも知れないという程度である。

本当に小さなことだけれど、ワタシにも不思議な体験がある。

新宿駅から出る私鉄の小さな駅が、まだ高架になっていなかった頃、踏切を渡っていたワタシを、不意に何かのカプセルがすっぽりと蔽った。その瞬間、音楽に包まれていたのである。よく親しんだ、でも何の曲だったろう……お祭りの場面か、いや近くにある神社は御祭礼の季節ではない……。

戸惑っているうちにそれが「ラ・ボエーム」というオペラの、クリスマスの街の場面だったと分かった。その驚き。今いる現実の世界とは何と不釣り合いな……。

気が付いてみれば身の回りには、行き交う車と自転車に乗った人たちという、普段の光景。ほんの一瞬存在した別世界は、忘れられない不思議を残してくれたのだった。

十月十八日　火曜日

若かった私の身近に三人の年寄りが居た。一人は夫に先立たれた私の母で、後の二人はあちらの両親である。繰り返したようにアルジは彼等の長男で、あの当時、長男は同居して家を継ぐ者であった。

嫁は今と違って、嫁いだらあちらの家の風習に従うものであった。いや、あの頃だって価値観の違いは生活をいささかややこしくしていた、と思う。

今はもっとそれが顕在化していて、若い人から見て生活感覚の合わない年寄りは、場合によっては簡単に「縁切り」をされるらしい。

厳しいには違いないが、誰かの価値観で生活を左右されるのなど、誰だって嫌なはずである。もっとも間近で他人を見続ける機会のあったことは、掛け替えのない財産になったとは思う。本当に価値の高いものを知るには、お月謝は高いのよね。

今は古い価値観が全部とまではいかなくても、問題にされなくなったのはいいことだ。人により立場によってそれぞれなのだと思うけれど、若い人たちの目から見て、老人はどんな存在なのだろうか。

自分の姿を見るように、ワタシは老人が杖をついて歩く背中を見送る。

いや、どうかすると大きなガラス戸に映る自分の姿が、背を曲げやっと歩いている。まぁ、それは具合の悪い時がほとんどなのだけれど。

おまけにそうでなくとも、数字音痴のワタシはよく計算を間違える。そんな時は自分で認知症の兆《きざ》しかと思う。

まだある。少し遠出をするつもりで取り置きの外出着を着て、電車の窓に映った姿を見ると如何にも時代遅れで、たとえ背を伸ばしてみても、全体に年寄りくさい雰囲気は隠しようもない。

まあ、新しいものを買ってもいつまで着られるのか分からないし、これでいいことにするのだ。どう頑張ってみても、歳には勝てないとはこのことだよ。

ともあれ、よれよれの姿で杖をついて歩く老人に、人によっては厳しい眼を向けている。その見苦しさに、彼等が古い生活感覚を守ろうとすることに。そして資源を費《つい》やす存在への、無言の怒り。

十月二十八日　金曜日

今朝の新聞、宇野千代さんの本の広告の見出しに、「サルの乾物のような顔になっても自分を見捨てない」というのがあった。いや、幾つもある見出しのどれもが、高齢者が心得ておくべき大事な言葉である。

サルの乾物という言葉には思わず笑ってしまったけれど、考えてみるまでもなく自分の顔のことだった。しばらく前から顔にはほうれい線ばかりではなく、やたらにシミと皺が増えている。もし自分に掛けっぱなしのフィルターを取り去ることができたなら、ショックでしばらくの間がっくりするほどの、老け顔になっているのではなかろうか。

だからと言って諦めてしまわずに、見苦しくないように最低限自分を整えておこうとは思っている。できてないけどね。

結果、人に迷惑という名の煩雑《はんざつ》を掛ける日々を送るようになるのだけれど、それを許してもらえるか否かは、その人の過ぎた日々の如何によるのだろう、多分。

ともあれ辛くなったからと言って、やけっぱちになって周囲に迷惑を掛けることはできない。既にサルの乾物になっている身に、悩みは尽きないのである。

十一月

十一月二日　水曜日

ネットで八歳の女の子が三善晃のピアノ曲を弾いているのを見付けた。発表会での演奏だそうである。難易度の高い曲を素晴らしい感性で弾いている。どんなふうに成長していくのかとても楽しみ。

十一月四日　金曜日

いつもの大学付属病院での診察日。

起床時はいつもと変わらないと思っていたのに、病院に着いてしばらくしてから、何故か右足がふらつくのに気が付く。

ややあって左足も何だかおかしい。まぁ、よくあることだしと思ってはいたが、歩くのが辛くなってくる。身体の痛みも強い。予約してあるとはいえ、今日は何だか混んでいるようだ。

待ち時間は意識障害についてネットで検索。ワタシは薬を沢山飲んでいる。薬はどれも毒薬でもあるのだ。これは単に服用量の問題なのかもね。

色々書いてあったけれど、意識障害は恐ろしいものだということが、少し分かった。物事がはっきりしなくなる状態から、意識を失う重篤な状態まで含むらしい。認知症も含むのだと思うが、大事に至るケースが多いとも分かった。ここでも物事はグラデーションになっている。いや、ワタシ危ないじゃん。

何にせよ一応の知識は持っておきたいと思う。逃げようがないのであれば、それがどんなに恐ろしいことであっても、何も知らないよりはいいのだろう。残念なのは何によらず、ワタシがすぐに忘れることなのだ。

でも問題はワタシの無意識？　である。気を付けてはいるのだけれど、不意に抜けることが多くなった気がする。歳のせいなのか、体調によるのか、それとも気のせいか。でも具合が悪いと誰だって注意が行き届かないものね。

最寄りの小さな駅までさほど遠くはないのだけれど、歩くのは辛いのでバスに乗る。途中から頭痛が加わる。駅前の喫茶店に入ると、全身に染み入るような痛みでぐったりする。

室内は程よく混んでいた。髪の長いママと幼い女の子、新聞を読む年配の男性の後ろ姿も。運良く一つだけあった安楽椅子が空いていた。傍らには人の背丈ほどもあるゴムの木。その向こうは外を歩いて行く人たち、車の通り過ぎる音。

頼んだカフェオレはとても美味しかった。お蔭でしばらくして電車に乗ることができた。

十一月十八日　金曜日

この三日間、朝の味噌汁が作れないでいる。昨日と一昨日の痛みが強すぎて、何もできなかったのだ。

味噌汁には以前、煮干しを粉砕して出汁を取っていた。それがだんだんおっくうになってきて、今は昆布や椎茸も入った出汁パックを使っている。でもこれがあまり美味しくないのよね。副菜は出来合いのものを使うことが増えている。

しばらく前から野菜を買っても、どうかすると使い切れなくなった。二週間続けて、配達された見事なキャベツをご近所に差し上げる。不要な物を差し上げて、ごめんなさいと言いつつ。

いや、他にも棄てるものが増え、既に調味料等も買えなくなったものが幾つかある。賞味期限までに使い切れないのである。そして食品を無駄にするのは、ワタシがだらしがないからだと思う、本当に。

痛みのあまり息を切らしながらでも、時間が掛かっても、必要なことは何とか済ませたい性分である。外へ出れば一応気持ちが張っているから、他人様には元気そうだね、と言われる。嬉しいことではある。

今朝も痛みはしっかりと主張している。本が読めないので三善晃のピアノ曲を聴く。しばらく音の世界に遊ぶのはとてもいいものだ。

なんぞと思いながら聴いていたら、アルジがやって来て何やら話しかける。ン、ああ、はいはい。

痛みのあまり溜め息を吐くワタシに、同情をして下さるのは有り難いのですが、時によってアナタのお言葉は、邪魔もの以外の何物でもありませんのです。ゴメンナサイ。

十二月

十二月二日　金曜日

老人ホームに入っている知人から葉書が来た。もう半世紀を超えたお付き合いの方である。同時に二枚も来た葉書を見れば、いつものように帰宅をしたいとある。その切々とした文章。だが文面からは、認知症が進んできているのが確実に見て取れた。やがて誰にでもそうした時は来るのだ。

大分前に見学した施設の入居者の、一様にうつむいている表情の暗さは衝撃であった。誰にとっても、自由の利く我が家ほど居心地のいいところはないのだ。

長年住んだ家にはその人の人生が詰まっている。帰心矢の如しであっても、元の生活を取り戻せるかどうかという、考えたくもない不安。さらにこの先、決して長くは生きられないだろうという絶望も。

だからこそどうしても家に帰りたいのである。家に帰りさえすれば、身体の不調という困難とも離れることができそうな気さえする。

いや、届いた葉書には、自宅での楽しい暮らしが詰まって見える。傍《はた》から見れば、既に一人で暮らせるほどの体力も知力もないのだけれど。

希望と現実との落差よ。埋めようもない深い淵の前に立って、人は孤独なまま怯えている。

結局いつものように、明るい絵柄の葉書と切手を選び、言葉を選んで、帰宅のお手伝いは出来ないと、断りの手紙を書いた。血縁でも縁戚でもない者には、単に慰めることしかできない。でもこれで良かったのだろうか。

十二月八日　木曜日

どうも去年辺りから少し体力が落ちている。つい頑張る癖が付いているのだけれど、あまり自分を傷めると、体調が元に戻らなくなる可能性があるので気を付けようと思う。

三善晃の「遠方より無へ」を読んでから聴いているのは現代音楽。矢代秋雄、平井貴四男、武満徹等々、とてもランダム。でもまだ誰の曲もほんの一寸ね。

ウェーベルンの「夏風の中で」は初めて聴いた時、映画音楽のために作曲されたものかなという気がした。ちょっと調べたら、彼の若い頃愛読した小説に因んだ曲だと書かれていたよ、道理で。

十二月十三日　火曜日

昨年の冬に買ったタマネギが一つ残っていて、春が来ても芽吹くことなく転がっていた。一体どんな処置をしたら、こんなふうに自然現象に反するのだろうと思いつつ、机の脇に置いて画材にするつもりであった。

それが今頃芽を吹いたのである。何で今頃と思いつつ、まだそのまま眺めている。

タマネギは自分のせいではないのに、生きることも死ぬこともできないままだった。なのに今頃になって芽吹くのは、命というものの靭《つよ》さなのだろうか。タマネギなりに頑張ったのかも知れない。庭の隅に植えてみようか。

十二月二十九日　木曜日

片付けていたら机の上に木の葉が一枚落ちていた。どこから連れて来たのだろう。

もう半分以上茶色に変色して、でもまだわずかに緑が残っている。波打った小さな葉は、葉脈が明るく浮き出ている。

五センチくらいのその葉の、造形と色の美しさよ。捨てるにはちょっと忍びないので、机の上に置いて眺めている。

二〇二三年

一月

一月三日　火曜日

まるで歯の神経の痛みのようなものが身体に拡がって、三食とも用意することができなかった。まだ息子がいるのに、彼に食事を作ることができない。

頭がぼんやりする。痛みが邪魔をして、しっかり考えようとしても意気地なくそこで止まる。

昨日、つい調子に乗って頑張りすぎたのだと思う。今朝は有り合わせの残り物。それにインスタントの味噌汁。本当にご免ね。

一月六日　金曜日

友人が電話を掛けてきてオレオレ詐欺に遭った、と言う。え、ほんとなの、と驚いたら本当のことだった。通帳の一つから五十万、別のからは、もっと取られた後だったらしい。

聞くところによると、ごく平凡な手口である。保険金の還付があるから、と言われて、ついうっかりと通帳とカードを渡した、すぐに気が付いて通報したけれど、間に合わなかったという。

やって来たお巡りさん四人に、すぐに避難して下さい、強盗が来ますと言われて、取り敢えず息子のところへ行った、と。

ちょうどルフィの騒ぎの頃の話である。彼等は強盗ばかりでなく殺人もやったから、本当に恐ろしい話であった。

普段、一人暮らしのせいもあって、人一倍用心をしている人である。

そのあなたが、と言えば、「いやぁ、どういうわけかその時はまるで、エアポケットに入ったみたいになっちゃったのよね、すぐに通帳を渡しちゃったのよ」、と言う。

エアポケットは恐ろしい。どんなに用心をしていても、この瞬間には勝てないということなのか。

彼女はワタシに色々注意をしてくれながら、預金者を保護する法律があると教えてくれた。早速友人たちの誰彼に電話をする。

一月十四日　土曜日
昨日からひどく胃が痛む。時間を空けて、強い痛み止めをもう三錠も飲んだのに治まらない。食後だからと思って、朝の珈琲をストレートにしたのがいけなかったかも知れない。
痛み止めを飲んでふらふらしていたら、今日は狂言と能を見に行く予定だったのをすっかり忘れていた。

気が付いたのは午後。野村万作さんの出番はとうに終わっていた。昨年からずっと楽しみにしていたのに。

そのせいばかりではないけれど、相変わらず気分は晴れない。今の季節はウチの庭木に花もないし、鉢植えのスミレだって寒さに竦《すく》んでしまっている。

それでも隅にある小さなシロヤマブキの株に、実がなっていたので小さなガラス瓶に活けてみた。古歌に、みのひとつだになきぞあやしき、と詠われているけれど、育ててみると山吹はちゃんと実を付ける。

直径一ミリほどの枯れ木色の茎のてっぺんに萼《がく》が四枚。その上に五ミリほどの実が四つ乗っていて、黒に紛《まが》うほど濃くて美しい紫をしている。実はどれも一点で光を撥《は》ねて、本当に完璧な美しさ。

一月十六日　月曜日

府中市美術館で諏訪敦の絵を見てきた。とても不思議な印象の絵を描く人である。ごく少なく色数を抑えているようでいて、何と沢山の色が複雑に一枚の絵に使われていることか。緻密《ちみつ》な絵の数々であり、どれも何とも美しいのである。

展示が三部に分かれているのだけれど、どの部屋にも音が全くない。これがゴッホであればとても賑《にぎ》やかだし、ブリューゲルの絵であれば、農家の人々の騒めきが画面を越えてこちらに伝わって来るのだけれど。

会場に入ってまず目にするのは死の姿。死は会場全体に、まるで通奏低音のようにひたひたと響いているのだ。

どの絵にも現実世界の賑わいが全く聞こえてこない。学業の途中で亡くなった医学生の、石膏とおがくずで作られた華奢なトルソ。

それは花や筍《たけのこ》の精密な静物画や、親しい人を描いた人物画であっても同じで、小さな飼い猫さえも異次元の世界から、少々不機嫌にこちらを見ているように思われる。

加えて近年作家が悩まされている眼疾、閃輝暗点《せんきあんてん》による対象の変形も余すところなく描かれていて、これも見る者を現実とずれた世界に誘うのだ。

それは「アルヘンチーナ」を踊る画像でも変わらず、ジャコメッティのように一枚の絵に幾つもの像を描きながら、作家独特の異次元が入ってきて見るものを惹き付ける。この絵にもやはり音はない。

あまりに静謐《せいひつ》な絵の数々に、却って画家の耳の良さが偲《しの》ばれてくるのである。

一月二十日　金曜日

軽い吐き気がする。多分眼精疲労のせい。

一月二十六日　木曜日

寒波のせいか痛みが強い。読書は続かず、事務的な手紙ばかりはどうやら書いて投函した。今日からエゴン・シーレ展が、東京都美術館で開催されている。行きたい。でも無理だろうな。事前に予約が必要ということだそうだし。こんな些細なことも、私にとっては一つの関門なのだ。午後、幾つかの用を果たしに出掛ける。郵便局、駅前のスーパーなどを回って帰宅することにした。

駅からのバスに乗るために歩いていて、不意にどこかで休んでいこうかなと思う。けれどもバスに乗りさえすれば、じきに家に着くと思い直して頑張る。考える前に頑張るのは昔からの癖である。

バスは混んでいた。途中で気分が少し怪しくなる。早く帰りたい……。

バス停で降りて、徒歩で帰宅しようと思ったら、よほど頑張っても真っ直ぐに歩けない。家、もうすぐなんだけれどな。

夕飯の支度はできないと思った。冷蔵庫から有り合わせを出すのもキツい。車に乗ってこのままレストランに行ってしまいたい。

けれどアルジはいいよ、と言いながら渋い顔をしている。気が乗らないのかな。強いるのは止めよう。

取り敢えずお茶を出してベッドに入る。しばらくしてリビングに行けば、彼は脈を測っている。

また脈が乱れているのだ。このところ多いという。

まともに歩けずよろめくワタシと、せっせと食器を並べるアルジ。高齢になると二人揃って具合が悪いという事態は、きっと珍しくはないのだ。ワタシがちゃんと考えておかなかっただけなのである。

絵の教室のお仲間の誰かが言っていたように、年齢が進むと戸建てには住めなくなるのだろう。改めて考えれば今の家をどうにかして、深く馴染《なじ》んだあれこれと別れ、見知らぬ土地に行くだろう日が近づいてくるような気がする。

一月二十八日　土曜日

午後のニュース番組を見ていたら、ワタシの中のアムネリスのイメージによく似た人を発見。アムネリスはアイーダの恋敵。

お名前を忘れてしまったけれど、間違いなく日本人。でも若くて小柄な美人で、もしかしたら自尊心が強い人かも知れない。

ラダメスの命を乞うあの場面に立ったら、本当に可憐な素敵なアムネリスが見られそう。今までのワタシの中のアムネリスのイメージはもう少し大柄だったのだけれど。

そうなると主役、アイーダを誰にしたらいいかしら。

一月三十一日　火曜日

リヒテルの演奏で、ベートーベンのソナタ、何故か第十九番。

彼の演奏はシュナーベル等の演奏家に比べて、ややテンポをゆっくりととっている。

私はブレンデルの演奏もとても好きなのだけれど、リヒテルの内面に語りかけているような演奏もとても好きである。

そう言えばアラウの演奏を聴いたのはいつであったか。確かベートーベンだったと思う。考えてみればもう半世紀以上も前のこと。

上野の東京文化会館には安川加寿子の姿も見えて、でもアラウの演奏は好きになれなかったのか、途中で帰って行かれたっけ。

そう言えば十二月から今までの間に、井上道義指揮のプロコフィエフと、お能と、白石加代子の「百物語」、続けて三つもふいにしてしまった。ものすごく残念。

どれもドジの結果には違いなかったのだけれど、体調の悪さに負けてしまったのだ。ワタシの中では前代未聞だよ、本当に。

もうじきに後期高齢者である。だから何なのさ、という元気は私にはもうあまりない。

でもあと一つミッションが残っているので、それは何とかして果たしておきたい。できれば、本当にできれば、ね。

人は時間を掛けて衰弱をしていき、拠《よ》り所の全てを失って死んでいく。その過程で生涯を振り返って、面白かったなぁと言った、アルジの父の言葉は忘れられない。

ワタシもいずれは同じ過程を辿るのだ。絶望が伴奏しているその過程で、誰かを相手に醜くかんしゃくを起こしたり、お漏《も》らしだってするかも知れない。でもその過程の一々を、何とか過ごしていく他はないと思っている。

後書き

二〇二三年を迎えてまもなく、ほぼ三年間の日記をここで一段落させようと思う。思い付くまま勝手なことを書き連ねたあげく、どう見ても出来がいいとは言えない。いいのかしら、こんなものを出しても。

この三年の間に、基礎疾患が増悪したとは思えないのだけれど、余病は増えた。ドクターは何も仰らないけれど、最近発症したものも既に慢性化をしていると思われる。老化も静かに、けれども確実に進んで、生活に少しずつ嬉しくない変化をもたらしている。

過ぎた日々の記録は、いつの間にか一人歩きをしていて、もうワタシの方など振り向いてはくれない。ワタシの方でも、過ぎ去ったものにあまり親近感は持てないでいる。

不調ばかりを書いてしまったけれど、外へ出れば一応元気は保てている。だから大丈夫なのだと思って過ごしている。

何より不出来で、無力なワタシとしては、いつも心配をし、何かと支え続けてくれている家族に、感謝をする他はないのである。

二〇二四年六月五日

■参考文献

『芽吹く樹々　上田睦子の世界・私の世界・尚』富山珠恵　ふらんす堂　二〇二〇年
『万葉秀歌』上・下　斎藤茂吉　岩波新書　一九六八年
『百珠百華　葛原妙子の宇宙』塚本邦雄　花曜社　一九八二年
『リルケ詩集』世界詩人全集13　富士川英郎訳　新潮社　一九六八年
『定本現代俳句』山本健吉　角川選書　一九九八年
『上田睦子句文集　時がうねる』上田睦子　ふらんす堂　二〇二一年
『今かくあれども』メイ・サートン　武田尚子訳　みすず書房　一九九五年
『悪の華』シャルル・ボオドレエル　齋藤磯雄訳　東京創元社　一九八四年
『遠方より無へ』三善晃　白水社　一九七九年

著者プロフィール

落合 紘子（おちあい ひろこ）

1948年　東京都生まれ　東京在住

日《にち》にち雑感　線維筋痛症とワタシ

2024年11月15日　初版第1刷発行

著　者　落合 紘子

発行者　瓜谷 綱延

発行所　株式会社文芸社

〒160-0022　東京都新宿区新宿1－10－1

電話　03-5369-3060（代表）

03-5369-2299（販売）

印刷所　株式会社フクイン

ISBN978-4-286-25539-2